法藏知津

八　編

杜潔祥　主編

第 16 冊

禪茶藝文錄（上）

馮天春　編著

花木蘭文化事業有限公司

國家圖書館出版品預行編目資料

禪茶藝文錄（上）／馮天春 編著 -- 初版 -- 新北市：花木蘭
文化事業有限公司，2022〔民 111 〕
目 50+138 面；19×26 公分
（法藏知津八編 第 16 冊）
ISBN 978-986-518-637-1（精裝）
1. 禪宗 2. 茶藝 3. 中國詩
011.08   110012099

ISBN-978-986-518-637-1

法藏知津八編
第十六冊   ISBN：978-986-518-637-1

禪茶藝文錄（上）

編　　著　馮天春
主　　編　杜潔祥
副總編輯　楊嘉樂
編輯主任　許郁翎
編　　輯　張雅淋、潘玟靜、劉子瑄　美術編輯　陳逸婷
出　　版　花木蘭文化事業有限公司
發 行 人　高小娟
聯絡地址　235 新北市中和區中安街七二號十三樓
　　　　　電話：02-2923-1455／傳真：02-2923-1452
網　　址　http://www.huamulan.tw 信箱 service@huamulans.com
印　　刷　普羅文化出版廣告事業
初　　版　2022 年 3 月
定　　價　八編 22 冊（精裝）新台幣 50,000 元

禪茶藝文錄（上）

馮天春　編著

作者簡介

馮天春，男，雲南普洱人，哲學博士，現就職於雲南省社會科學院宗教研究所，主要研究中華經典詮釋學、佛道教哲學、心理學、禪茶文化。擅長將禪修技術、性命之學與心理學融合，解決心智成長與身心問題。同時，致力於中華傳統文化與禪茶康養、睡眠改善、身心管理等領域的研訓、抒寫，提倡和實踐「經典深度閱讀法」「中國心學」。目前主持國家社科基金項目《雲南禪宗史》，完成著作《〈壇經〉大生命觀論綱》（合著）《入〈壇經〉注》《藏漢佛教修道次第比較研究》《禪蹤》《禪茶公案錄》《禪茶藝文錄》《禪茶論典錄》等，另已發表學術論文二十餘篇。

提　　要

　　禪茶，除了最直觀的禪修、吃茶，更蘊涵著一種深入探究並體證內在本性的生命價值理念。禪者茶者，往往以之為生活，以之為棲居，以之為自我生命在世間的完美綻放；同時，還有一個龐大的文人群體，始終熱衷於吟詠茶事禪心。如此而形成的直接結晶，便是禪茶詩詞歌賦曲聯等種種藝文。故而，禪茶藝文，乃合為時、合為事、合為心、合為道而作，往往指向生命安放之大事。古今各體禪茶藝文，數量實在難以計數，而且分布極為零散。本書最終選定 1600 目，以禪，或更準確地說是以禪的生命價值理念為貫穿主線，按照僧人茶詩、文士茶詩、禪茶詞曲、性靈茶語、茶聯禪句之五編進行輯錄，由此形成了相對具有代表性的禪茶藝文專題。編著本書，除為當做禪茶研究的文獻參考，更是一種力圖以筆端學術通生命學問的修學嘗試。

本書為 2018 年度
國家社會科學基金一般項目《雲南禪宗史》
（批准號：18BZJ020）階段性成果

上 冊

目次

緒論：禪茶的生命價值 ……………………………… 1
一、初說禪茶藝文 ……………………………… 1
二、禪茶審美境趣 ……………………………… 4
三、活用禪茶養生 ……………………………… 9
四、茶與禪意安居 ……………………………… 13
五、禪茶回溯反思 ……………………………… 16

第一編　僧人茶詩 ……………………………… 21
0001. 行路易　善慧 ……………………………… 21
0002. 飲茶歌誚崔石使君　皎然 ……………… 21
0003. 飲茶歌送鄭容　皎然 ……………………… 22
0004. 九日與陸處士羽飲茶　皎然 …………… 22
0005. 訪陸處士羽　皎然 ……………………… 23
0006. 送許丞還洛陽　皎然 …………………… 23
0007. 山居示靈澈上人　皎然 ………………… 23
0008. 對陸迅飲天目山茶，因寄元居士晟
　　　　　皎然 …………………………………… 24
0009. 陪盧判官水堂夜宴　皎然 ……………… 24
0010. 白雲上精舍尋杼山禪師兼示崔子向何
　　　山道上人　皎然 ………………………… 24
0011. 答裴集陽伯明二賢各垂贈二十韻今以
　　　一章用酬兩作　皎然 …………………… 25
0012. 晦夜李侍御萼宅集招潘述湯衡海上人
　　　飲茶賦　皎然 …………………………… 26
0013. 顧渚行寄裴芳丹　皎然 ………………… 26
0014. 月夜啜茶聯句　皎然等 ………………… 26
0015. 渚山春暮，會顧丞茗舍，聯句效小庾體
　　　　　皎然等 …………………………………… 27
0016. 妙樂觀　靈一 …………………………… 27
0017. 與元居士青山潭飲茶　靈一 ………… 28
0018. 送邵錫及第歸湖州　無可 …………… 28
0019. 送喻鳧及第歸陽羨　無可 …………… 28
0020. 郊居即事　賈島 ……………………… 29
0021. 早春題友人湖上新居二首　賈島 …… 29
0022. 送童子下山　金地藏 ………………… 29

0023. 嘗茶　齊己 ……………………………… 30

0024. 逢鄉友　齊己 …………………………… 30

0025. 送中觀進公歸巴陵　齊己 ……………… 30

0026. 山寺喜道者至　齊己 …………………… 30

0027. 寄江西幕中孫魴員外　齊己 …………… 31

0028. 寄敬亭清越　齊己 ……………………… 31

0029. 謝灃湖茶　齊己 ………………………… 31

0030. 題真州精舍　齊己 ……………………… 31

0031. 謝中上人寄茶　齊己 …………………… 32

0032. 謝人惠扇子及茶　齊己 ………………… 32

0033. 聞落葉　齊己 …………………………… 32

0034. 懷東湖寺　齊己 ………………………… 32

0035. 又寄彭澤晝公　齊己 …………………… 33

0036. 詠茶十二韻　齊己 ……………………… 33

0037. 赴鄭谷郎中招遊龍興觀讀題詩板謁七
　　　真儀像因有十八韻　齊己 …………… 33

0038. 匡山寓居棲公　齊己 …………………… 34

0039. 過陸鴻漸舊居　齊己 …………………… 34

0040. 聞道林諸友嘗茶因有寄　齊己 ………… 35

0041. 睡起作　修睦 …………………………… 35

0042. 投謁齊己　乾康 ………………………… 35

0043. 贈朱慶餘狡書　清塞 …………………… 35

0044. 玉芝觀王道士　清塞 …………………… 36

0045. 早秋過郭涯書堂　清塞 ………………… 36

0046. 破山山居　常達 ………………………… 36

0047. 題惠山泉　若冰 ………………………… 37

0048. 與陳陶處士　尚顏 ……………………… 37

0049. 寄問政山聶威儀　尚顏 ………………… 37

0050. 奉寄鄭都官　歸仁 ……………………… 37

0051. 居南嶽懷沈彬　歸仁 …………………… 38

0052. 夜直　子蘭 ……………………………… 38

0053. 雪　可止 ………………………………… 39

0054. 山居　法珍 ……………………………… 39

0055. 題宿禪師院　貫休 ……………………… 39

0056. 劉相公見訪　貫休 ……………………… 40

0057. 春遊靈泉寺　貫休 ……………………40

0058. 題蘭江言上人院　貫休 ………………40

0059. 山居　貫休 ………………………………41

0060. 題吉祥寺茶山　淨端 ……………………41

0061. 津禪人出化盞橐乞頌　宏智正覺 ………41

0062. 十月朔與法上人南谷行　宏智正覺 ……42

0063. 與諾侍者　宏智正覺 ……………………42

0064. 與止上人同南麓行　宏智正覺 …………42

0065. 寄大洪和尚　宏智正覺 …………………43

0066. 送慧禪人往上江糴麻米　宏智正覺 ……43

0067. 茶醒睡眼　宏智正覺 ……………………43

0068. 禪人並化主寫真求贊　宏智正覺 ………44

0069. 募茶引偈　梓舟船 ………………………44

0070. 早課　釋居簡 ……………………………44

0071. 贈浩律師　居簡 …………………………44

0072. 自詠　福全 ………………………………45

0073. 寄題武當郡守吏隱亭　希晝 ……………45

0074. 留題承旨宋侍郎林亭　希晝 ……………45

0075. 送簡長師陪黃史君歸江右　尚能 ………46

0076. 鄮公庵歌　雲知 …………………………46

0077. 洪井　善權 ………………………………46

0078. 普請罷書偈　志芝 ………………………47

0079. 山中　彥強 ………………………………47

0080. 遊洞霄得鄉友道士鄧君德清話因成
　　　古語　自彰 …………………………47

0081. 鄭學士請贊　大慧宗杲 …………………48

0082. 九峰山居詩　九峰詮 ……………………48

0083. 九日菊　白雲守端 ………………………49

0084. 趙州吃茶　黃龍慧南 ……………………49

0085. 南嶽高臺示禪者　黃龍慧南 ……………49

0086. 三關師自頌　黃龍慧南 …………………49

0087. 送新茶　雪寶重顯 ………………………50

0088. 謝鮑學士惠臘茶　雪寶重顯 ……………50

0089. 送山茶上知府郎給事　雪寶重顯 ………50

0090. 茶寄樓司令　虛堂智愚 …………………50

0091. 賀契師庵居　虛堂智愚 ⋯⋯⋯⋯⋯51

0092. 謝芝峰交承惠茶　虛堂智愚 ⋯⋯⋯51

0093. 贈黃秉中居士　蓮峰⋯⋯⋯⋯⋯⋯51

0094. 種銀杏　慧空⋯⋯⋯⋯⋯⋯⋯⋯⋯51

0095. 與郳郎作骨董羹　慧空⋯⋯⋯⋯⋯52

0096. 送茶化士　慧空⋯⋯⋯⋯⋯⋯⋯⋯52

0097. 與建州介瀨溪翁道人　慧空 ⋯⋯⋯53

0098. 送僧之育王　慧空⋯⋯⋯⋯⋯⋯⋯53

0099. 用詢山堂韻寄澹庵　慧空⋯⋯⋯⋯54

0100. 送雪竇化士　慧空⋯⋯⋯⋯⋯⋯⋯54

0101. 贈齡首座住庵　慧空⋯⋯⋯⋯⋯⋯54

0102. 送茶頭並化士　慧空⋯⋯⋯⋯⋯⋯55

0103. 送僧遊天台　慧空 ⋯⋯⋯⋯⋯⋯⋯57

0104. 和劉天啟對牡丹歠茶　慧空 ⋯⋯⋯58

0105. 甘泉惠石銚鄭才仲以詩見賞次韻酬之
　　　慧空 ⋯⋯⋯⋯⋯⋯⋯⋯⋯⋯⋯58

0106. 謝龐道惠茶　慧空 ⋯⋯⋯⋯⋯⋯⋯59

0107. 本老昔住此庵今出世再過山次日出諸
　　　偈頌乃和之　慧空 ⋯⋯⋯⋯⋯⋯59

0108. 僧上蜀絹毛段不受以偈謝之　慧空 ⋯59

0109. 送澤上人　慧空 ⋯⋯⋯⋯⋯⋯⋯⋯59

0110. 容茶頭為本無庵道根頭陀求偈　慧空⋯60

0111. 同公濟沖晦宿靈隱夜晴　契嵩 ⋯⋯⋯60

0112. 閉戶　釋文珦 ⋯⋯⋯⋯⋯⋯⋯⋯⋯60

0113. 煎茶　釋文珦 ⋯⋯⋯⋯⋯⋯⋯⋯⋯60

0114. 靈泉篇　釋文珦 ⋯⋯⋯⋯⋯⋯⋯⋯61

0115. 題竹房　釋文珦 ⋯⋯⋯⋯⋯⋯⋯⋯61

0116. 焙茶　釋文珦 ⋯⋯⋯⋯⋯⋯⋯⋯⋯61

0117. 篔房秋崖來訪不相值後往謝之篔復有
　　　詩喜余之至因次其韻　釋文珦 ⋯⋯62

0118. 剡源山房　釋文珦 ⋯⋯⋯⋯⋯⋯⋯62

0119. 澹雪省園護法指南軒茶話次韻
　　　釋真承 ⋯⋯⋯⋯⋯⋯⋯⋯⋯⋯⋯63

0120. 招福寺作　正宗 ⋯⋯⋯⋯⋯⋯⋯⋯63

0121. 摘茶　無文道燦 ⋯⋯⋯⋯⋯⋯⋯⋯63

0122. 遊雲門　了元 ……………………………… 63
0123. 趙州茶頌古編　法應、普會 …………… 64
0124. 化茶　弘覺忞 …………………………… 68
0125. 徑山茶湯會首求頌二首　密庵咸傑 …… 68
0126. 寄酬邵陽陳朝請　雲蓋本 ……………… 68
0127. 謝靈泉茶　雲蓋本 ……………………… 69
0128. 夏日山居　道潛 ………………………… 69
0129. 送因覺先　德洪覺範 …………………… 69
0130. 山居　德洪覺範 ………………………… 69
0131. 贈王司法　德洪覺範 …………………… 70
0132. 觀山茶過回龍寺示邦基　德洪覺範 …… 70
0133. 和曾逢原試茶連韻　德洪覺範 ………… 70
0134. 與客啜茶戲成　德洪覺範 ……………… 71
0135. 余所居連超然自見軒日多啜茶其上
　　　二首　德洪覺範 …………………………… 71
0136. 次韻宿清修寺　德洪覺範 ……………… 72
0137. 和童敬重　釋道璨 ……………………… 72
0138. 紀夢　釋道璨 …………………………… 73
0139. 和楊在軒劑院　釋道璨 ………………… 73
0140. 病起和徐處士並寄致軒二首　釋道璨 … 74
0141. 與客啜茶戲成　僧惠洪 ………………… 74
0142. 西湖雜感詩　孤山智圓 ………………… 74
0143. 寄圓長老　孤山智圓 …………………… 75
0144. 食新茶　永頤 …………………………… 75
0145. 茶爐　永頤 ……………………………… 75
0146. 西峰日暮　永頤 ………………………… 75
0147. 施茶圓滿　普明香嚴 …………………… 76
0148. 募造橋亭施茶　普明香嚴 ……………… 76
0149. 山居偈　普明香嚴 ……………………… 76
0150. 招友　普明香嚴 ………………………… 76
0151. 佛聖水　普明香嚴 ……………………… 77
0152. 崇壽院　釋希坦 ………………………… 77
0153. 山居茶意　石屋清珙 …………………… 77
0154. 憩青蓮寺　圓至 ………………………… 81
0155. 師子林即景二首　天如惟則 …………… 81

0156. 山居四景　天如惟則 ………… 81

0157. 山居　了堂惟一 ………… 81

0158. 析雪竇迷悟相反偈　了堂惟一 ………… 82

0159. 追和古德雜言同韻　了堂惟一 ………… 82

0160. 寄無照　釋善住 ………… 82

0161. 書無學壁　釋善住 ………… 82

0162. 治平寺　釋善住 ………… 83

0163. 清明山行次韻　釋善住 ………… 83

0164. 齋居次韻　釋善住 ………… 83

0165. 秋懷　釋善住 ………… 84

0166. 再用前韻酬無功　釋善住 ………… 84

0167. 春日雜興三首　釋善住 ………… 84

0168. 茶屋　釋善住 ………… 85

0169. 松下談玄畫軸　釋善住 ………… 85

0170. 次韻無及長老　釋善住 ………… 86

0171. 己未歲感事二首　釋善住 ………… 86

0172. 庚申歲莫三首　釋善住 ………… 86

0173. 春晚　釋善住 ………… 87

0174. 寄弘道書記　釋善住 ………… 87

0175. 山中三首　釋善住 ………… 88

0176. 新居次韻山村先生　釋善住 ………… 88

0177. 寄如鏡師三首　釋善住 ………… 89

0178. 陽山道中二首　釋善住 ………… 89

0179. 春日雜興　釋善住 ………… 90

0180. 答白雲見寄四首　釋善住 ………… 90

0181. 次韻答無功見寄　釋善住 ………… 91

0182. 留題惠山寺　中峰明本 ………… 91

0183. 示祖禪人　中峰明本 ………… 91

0184. 雍熙寺訪友不遇　釋良琦 ………… 92

0185. 雪夜　釋英 ………… 92

0186. 呈林且翁隱居　釋英 ………… 92

0187. 山居　釋英 ………… 93

0188. 簡魏文憲　釋大圭 ………… 93

0189. 王丞石泉　釋大圭 ………… 93

0190. 百丈道恒禪師三訣因緣　明雪 ………… 94

0191. 過香柏峰同達虛坐月茶次即事　明雪‥‥94

0192. 傳衣寺同大錯和尚製茶　無盡‥‥‥94

0193. 蘭陀寺　如一‥‥‥‥‥‥‥‥‥‥‥94

0194. 晚步鉢盂庵　大錯‥‥‥‥‥‥‥‥‥95

0195. 山齋晚坐　大錯‥‥‥‥‥‥‥‥‥‥95

0196. 松下煮茶　大錯‥‥‥‥‥‥‥‥‥‥95

0197. 山居　大錯‥‥‥‥‥‥‥‥‥‥‥‥96

0198. 種茶　淨現‥‥‥‥‥‥‥‥‥‥‥‥96

0199. 雨後過雲公問茶事　居節‥‥‥‥‥‥96

0200. 山中送張李兩公回賓川　古笑‥‥‥‥97

0201. 晚步鉢盂庵　學蘊‥‥‥‥‥‥‥‥‥97

0202. 古雪煮茶　古雪哲‥‥‥‥‥‥‥‥‥97

0203. 白眾　古雪哲‥‥‥‥‥‥‥‥‥‥‥98

0204. 溪示　青原愚者智‥‥‥‥‥‥‥‥‥98

0205. 題醉茶庵贈念庸庵主　石雨明方‥‥‥98

0206. 遊五泄初渡　石雨明方‥‥‥‥‥‥‥98

0207. 施茶庵　石雨明方‥‥‥‥‥‥‥‥‥99

0208. 答昌基陳居士來韻　石雨明方‥‥‥‥99

0209. 蓄翠泉　石雨明方‥‥‥‥‥‥‥‥‥99

0210. 掛屐寮　石雨明方‥‥‥‥‥‥‥‥‥99

0211. 雲肆　石雨明方‥‥‥‥‥‥‥‥‥‥100

0212. 山居雜詠　智誾‥‥‥‥‥‥‥‥‥‥100

0213. 寄王百穀　傳慧‥‥‥‥‥‥‥‥‥‥100

0214. 題徐春門畫　智舷‥‥‥‥‥‥‥‥‥100

0215. 冶父山居　洪恩‥‥‥‥‥‥‥‥‥‥100

0216. 十月十五日冶父山中有懷丈庵　洪恩‥101

0217. 茶聲二首　牧雲通門‥‥‥‥‥‥‥‥101

0218. 長夏吟　牧雲通門‥‥‥‥‥‥‥‥‥101

0219. 偶過溪庵即事　牧雲通門‥‥‥‥‥‥102

0220. 示化茶禪人　隱元‥‥‥‥‥‥‥‥‥102

0221. 明禪人施茶　憨山‥‥‥‥‥‥‥‥‥102

0222. 寄塵堂首座　憨山‥‥‥‥‥‥‥‥‥103

0223. 林參軍從余入山　憨山‥‥‥‥‥‥‥103

0224. 穆生　袾宏‥‥‥‥‥‥‥‥‥‥‥‥103

0225. 石門多勝閣啜茗問月歌　紫柏真可‥‥103

0226. 鐺煙茶圃　廣真 ················ 104

0227. 似瞿孝廉來韻　廣真 ············ 104

0228. 秋日採茶歌　廣真 ·············· 104

0229. 幽燕懷山中　湛然圓澄 ·········· 105

0230. 九日風雨　如曉 ················ 105

0231. 送仁一初上人遊武林　懷渭 ······ 106

0232. 題云門翠微深處　守仁 ·········· 106

0233. 京都送雲海上人還山　道衍 ······ 106

0234. 茶軒為陳惟寅賦　釋道衍 ········ 106

0235. 退隱惠山聽松庵次王達善韻　普真 ·· 107

0236. 田家即事　廣漵 ················ 107

0237. 方康侯孝廉見過談及金陵舊隱　如愚·· 107

0238. 嘗茶　明秀 ···················· 108

0239. 書事寄子重　明秀 ·············· 108

0240. 野航　明秀 ···················· 108

0241. 庚戌春暮漫書　文貞 ············ 108

0242. 採茶　如蘭 ···················· 109

0243. 山居　法杲 ···················· 109

0244. 春暮　方擇 ···················· 109

0245. 山居　契靈 ···················· 109

0246. 與鄰僧夜坐　永瑛 ·············· 110

0247. 題院壁　永瑛 ·················· 110

0248. 採山藥子煎茶　永瑛 ············ 110

0249. 戲贈阿師　永瑛 ················ 110

0250. 採茶　永覺元賢 ················ 111

0251. 坐木蓮閣　本智 ················ 111

0252. 許起宗見過　釋德祥 ············ 112

0253. 題詩經室　釋德祥 ·············· 112

0254. 竹亭　僧德祥 ·················· 112

0255. 示施茶僧　慧機 ················ 112

0256. 幾雲頌　慧機 ·················· 113

0257. 自贊　隆琦 ···················· 113

0258. 宿萬如茶庵　鶴峰濟悟 ·········· 113

0259. 雨阻杏泉房作　鶴峰濟悟 ········ 114

0260. 白雲山　鶴峰濟悟 ·············· 114

0261. 茶歌 鶴峰濟悟 ……………………… 114

0262. 採茶歌 百癡 ……………………… 115

0263. 化茶 百癡 ……………………… 115

0264. 送廣化啟首座 百癡 ……………… 115

0265. 宿姜莊村 如乾 ……………………… 116

0266. 曝日 如乾 ……………………… 116

0267. 石安原長夏遣懷 如乾 …………… 116

0268. 懷本師雲老和尚 如乾 …………… 117

0269. 山居 激生 ……………………… 117

0270. 煮茶 三山來 ……………………… 118

0271. 和汪周士季青過訪韻 寒松操 …… 118

0272. 武夷茶歌 釋超全 ………………… 118

0273. 安溪茶歌 釋超全 ………………… 119

0274. 題假山 即非如一 ………………… 120

0275. 中秋侍老人坐月 即非如一 ……… 120

0276. 趙州吃茶 象崖性珽 ……………… 121

0277. 婆偷趙州筍 象崖性珽 …………… 121

0278. 除夕小參 竹航海 ………………… 121

0279. 山居 真傳 ……………………… 121

0280. 送天吼法孫 破山海明 …………… 122

0281. 別行素牟居士 破山海明 ………… 122

0282. 贈無礙和尚次曹太史韻 自閑覺 … 122

0283. 高庵寄友 普明石關 ……………… 122

0284. 天目道中 普明石關 ……………… 123

0285. 過文表關主 普明石關 …………… 123

0286. 春王小坐傳衣寺茶華下 福慧 …… 123

0287. 示顏思淵居士 福慧 ……………… 124

0288. 過準提庵 福慧 …………………… 124

0289. 留客 福慧 ……………………… 124

0290. 妙應寺 福慧 ……………………… 124

0291. 仝汪牧鯤夜坐得樓字 福慧 ……… 124

0292. 和佟太守韓甲喇觀海之作 福慧 … 125

0293. 秋夕與白雲上人 福慧 …………… 125

0294. 仙月盧兵憲夜坐嵩山 福慧 ……… 125

0295. 仝岳崎如賀大來月夜登樓用前韻 福慧 125

0296. 全刺史於公坐綠野軒　福慧 …………… 126

0297. 山居　寂訥 …………… 126

0298. 題古松贈了息長老　寂訥 …………… 127

0299. 慶雲茶頭　真續 …………… 127

0300. 遊峨眉山次可聞和尚韻　真續 …………… 127

0301. 宿玄武宮　海棟 …………… 128

0302. 閒行　山暉完璧 …………… 128

0303. 和中峰國師樂隱詞　鶴山 …………… 128

0304. 除夕次拈華和尚韻　鶴山 …………… 129

0305. 分衛郡城夜坐聽雨　鶴山 …………… 129

0306. 溽暑南音先生入山賦謝　鶴山 …………… 129

0307. 壽雪香介本和尚　鶴山 …………… 130

0308. 謝蓉湖集公法侄惠茶　鶴山 …………… 130

0309. 歲暮即事　鶴山 …………… 130

0310. 詠庭松壽月公　鶴山 …………… 130

0311. 雪窗寄懷石湖馮竹溪先生　鶴山 …………… 131

0312. 夏日過舊廬謝同社齋　鶴山 …………… 131

0313. 山居　性音 …………… 131

0314. 茶次口占奉和嵩山老人原韻　宗堅 …… 132

0315. 賦得把盞問月　宗堅 …………… 132

0316. 喬松棲鶴　宗堅 …………… 132

0317. 示非一　宗堅 …………… 133

0318. 山居　宗堅 …………… 133

0319. 秋夜偕友坐岑樓　虛雲 …………… 133

0320. 題寸香齋　虛雲 …………… 133

0321. 山居　虛雲 …………… 134

0322. 閱古宿語錄口占　虛雲 …………… 135

0323. 採茶　虛雲 …………… 135

0324. 慧焰禪人索茶　虛雲 …………… 135

0325. 棲茅九華　虛雲 …………… 136

0326. 贈五臺山顯通寺智慧師　虛雲 …………… 136

0327. 大覺寺小憩　虛雲 …………… 136

0328. 廈門虎溪與會泉上人夜話　虛雲 …………… 136

0329. 和方乃斌居士韻　虛雲 …………… 137

0330. 贈林鴻超居士七律並敘　虛雲 …………… 137

中　冊

第二編　文士茶詩 …………………………………… 139

0331. 六羨歌　陸羽 ………………………………… 139

0332. 走筆謝孟諫議寄新茶　盧仝 ………… 140

0333. 訪含曦上人　盧仝 …………………………… 141

0334. 涼風亭睡覺　裴度 …………………………… 141

0335. 答族侄僧中孚贈玉泉仙人掌茶　李白‥ 141

0336. 重過何氏五首　杜甫 ………………………… 142

0337. 送陸鴻漸棲霞寺採茶　皇甫冉 ……… 143

0338. 尋戴處士　皇甫冉 …………………………… 143

0339. 送陸鴻漸山人採茶回　皇甫曾 ……… 144

0340. 同皇甫侍御題薦福寺一公房　李嘉祐‥ 144

0341. 秋曉招隱寺東峰茶宴，送內弟閻伯均
歸江州　李嘉祐 ……………………………… 144

0342. 即事二首　司空圖 …………………………… 145

0343. 重陽日訪元秀上人　司空圖 ………… 145

0344. 慈恩寺塔下避暑　劉得仁 ……………… 145

0345. 謝朱常侍寄覜蜀茶剡紙二首　崔道融‥ 146

0346. 茶詩　鄭遨 ……………………………………… 146

0347. 蜀茗詞　施肩吾 ……………………………… 146

0348. 春霽　施肩吾 ………………………………… 147

0349. 題德玄上人院　杜荀鶴 ………………… 147

0350. 贈吳官　王維 ………………………………… 147

0351. 酬嚴少尹徐舍人見過不遇　王維 ……… 147

0352. 河南嚴尹弟見宿弊廬訪別人賦十韻
王維 ……………………………………………… 148

0353. 西塔寺陸羽茶泉　裴迪 ………………… 148

0354. 一字至七字茶詩　元稹 ………………… 148

0355. 送象上人還山中　鄭巢 ………………… 149

0356. 送琇上人　鄭巢 ……………………………… 149

0357. 夏晝偶作　柳宗元 …………………………… 149

0358. 巽上人以竹間自採新茶見贈，酬之以詩
柳宗元 …………………………………………… 149

0359. 西山蘭若試茶歌　劉禹錫 ……………… 150

0360. 酬樂天閒臥見寄　劉禹錫 ……………… 150

0361. 送蘄州李郎中赴任　劉禹錫 ⋯⋯⋯⋯ 151

0362. 嘗茶　劉禹錫 ⋯⋯⋯⋯⋯⋯⋯⋯⋯ 151

0363. 題禪院　杜牧 ⋯⋯⋯⋯⋯⋯⋯⋯⋯ 151

0364. 題宜興茶山　杜牧 ⋯⋯⋯⋯⋯⋯⋯ 151

0365. 津梁寺採新茶　武元衡 ⋯⋯⋯⋯⋯ 152

0366. 茶嶺　韋處厚 ⋯⋯⋯⋯⋯⋯⋯⋯⋯ 152

0367. 送別友人　姚合 ⋯⋯⋯⋯⋯⋯⋯⋯ 152

0368. 寄楊工部聞毗陵舍弟自罨溪入茶山
　　　　　姚合 ⋯⋯⋯⋯⋯⋯⋯⋯⋯ 153

0369. 乞新茶　姚合 ⋯⋯⋯⋯⋯⋯⋯⋯⋯ 153

0370. 尋僧不遇　姚合 ⋯⋯⋯⋯⋯⋯⋯⋯ 153

0371. 謝劉相寄天柱茶　薛能 ⋯⋯⋯⋯⋯ 153

0372. 蜀州鄭使君寄鳥嘴茶因以贈答八韻
　　　　　薛能 ⋯⋯⋯⋯⋯⋯⋯⋯⋯ 154

0373. 新雪八韻　薛能 ⋯⋯⋯⋯⋯⋯⋯⋯ 154

0374. 寄終南隱者　薛能 ⋯⋯⋯⋯⋯⋯⋯ 155

0375. 龍山人惠石廩方及團茶　李群玉 ⋯ 155

0376. 答友人寄新茗　李群玉 ⋯⋯⋯⋯⋯ 155

0377. 茶山貢焙歌　李郢 ⋯⋯⋯⋯⋯⋯⋯ 155

0378. 故人寄茶　曹鄴 ⋯⋯⋯⋯⋯⋯⋯⋯ 156

0379. 題山居　曹鄴 ⋯⋯⋯⋯⋯⋯⋯⋯⋯ 157

0380. 採茶歌　秦韜玉 ⋯⋯⋯⋯⋯⋯⋯⋯ 157

0381. 東亭茶宴　鮑君徽 ⋯⋯⋯⋯⋯⋯⋯ 157

0382. 一公新泉　嚴維 ⋯⋯⋯⋯⋯⋯⋯⋯ 157

0383. 奉和獨孤中丞遊雲門寺　嚴維 ⋯⋯ 158

0384. 贈李太守　于鵠 ⋯⋯⋯⋯⋯⋯⋯⋯ 158

0385. 送人歸吳興　許渾 ⋯⋯⋯⋯⋯⋯⋯ 158

0386. 溪亭二首　許渾 ⋯⋯⋯⋯⋯⋯⋯⋯ 159

0387. 尚書惠蠟麵茶　徐寅 ⋯⋯⋯⋯⋯⋯ 159

0388. 山中言事　方干 ⋯⋯⋯⋯⋯⋯⋯⋯ 159

0389. 初歸鏡中寄陳端公　方干 ⋯⋯⋯⋯ 160

0390. 西蜀淨眾寺松溪八韻兼寄小筆崔處士
　　　　　鄭谷 ⋯⋯⋯⋯⋯⋯⋯⋯⋯ 160

0391. 雪中偶題　鄭谷 ⋯⋯⋯⋯⋯⋯⋯⋯ 160

0392. 峽中嘗茶　鄭谷 ⋯⋯⋯⋯⋯⋯⋯⋯ 160

0393. 題興善寺　鄭谷 …………… 161

0394. 茶中雜詠　皮日休 …………… 161

0395. 奉和襲美茶具十詠　陸龜蒙 ……… 163

0396. 與趙莒茶宴　錢起 …………… 165

0397. 過長孫宅與郎上人茶會　錢起 …… 165

0398. 即目　李商隱 …………… 165

0399. 美人嘗茶行　崔珏 …………… 166

0400. 早春題湖上顧氏新居二首　項斯 …… 166

0401. 育松寺　盧延讓 …………… 166

0402. 即事　白居易 …………… 167

0403. 琴茶　白居易 …………… 167

0404. 問劉十九　白居易 …………… 167

0405. 閒眠　白居易 …………… 168

0406. 食後　白居易 …………… 168

0407. 山泉煎茶有懷　白居易 …………… 168

0408. 謝李六郎中寄新蜀茶　白居易 …… 168

0409. 招韜光禪師　白居易 …………… 169

0410. 睡後茶興憶楊同州　白居易 ……… 169

0411. 謝僧寄茶　李咸用 …………… 169

0412. 茶嶺　張籍 …………… 170

0413. 夏日閒居　張籍 …………… 170

0414. 贈姚合少府　張籍 …………… 170

0415. 題友人林齋　張喬 …………… 171

0416. 喜園中茶生　韋應物 …………… 171

0417. 茗坡　陸希聲 …………… 171

0418. 湖州貢焙新茶　張文規 …………… 171

0419. 與孟郊洛北野泉上煎茶　劉言史 …… 171

0420. 煎茶　成彥雄 …………… 172

0421. 憶茗芽　李德裕 …………… 172

0422. 橫塘　韓偓 …………… 172

0423. 山家　張繼 …………… 173

0424. 西陵道士茶歌　溫庭筠 …………… 173

0425. 宿一公精舍　溫庭筠 …………… 173

0426. 贈隱者　溫庭筠 …………… 173

0427. 春晝迴文　李濤 …………… 174

0428. 宿溪僧院　曹松 ………………………… 174

0429. 方山寺松下泉　章孝標 ……………… 174

0430. 送潘咸　喻鳧 ……………………………… 174

0431. 宿鳳翔天柱寺窮易玄上人房　李洞 …… 175

0432. 寄淮海慧澤上人　李洞 ………………… 175

0433. 贈昭應沈少　李洞 ……………………… 175

0434. 寄禪師三首　李中 ……………………… 176

0435. 和門下殷侍郎新茶二十韻　徐鉉 …… 176

0436. 陸羽泉茶　王禹偁 ……………………… 177

0437. 龍鳳茶　王禹偁 ………………………… 177

0438. 茶園十二韻　王禹偁 …………………… 178

0439. 北苑茶　丁謂 …………………………… 178

0440. 煎茶　丁謂 ……………………………… 179

0441. 以詩送宣賜進奉紅綃封龍字茶與璉
　　　禪師　丁謂 ………………………… 179

0442. 嘗茶次寄越僧靈皎　林逋 ……………… 180

0443. 茶　林逋 ………………………………… 180

0444. 茶灶　梅堯臣 …………………………… 180

0445. 得雷太簡自製蒙頂茶　梅堯臣 ……… 180

0446. 呂晉叔著作遺新茶　梅堯臣 ………… 181

0447. 李仲求寄建溪洪井茶七品，雲愈少愈
　　　佳，未知嘗何如耳，因條而答之
　　　　　梅堯臣 ………………………… 182

0448. 答建州沈屯田寄新茶　梅堯臣 ……… 182

0449. 穎公遺碧霄峰茗　梅堯臣 …………… 182

0450. 和伯恭自造新茶　余靖 ………………… 183

0451. 和章岷從事鬥茶歌　范仲淹 ………… 183

0452. 蒙頂茶　文彥博 ………………………… 184

0453. 謝許少卿寄臥龍山茶　趙抃 ………… 184

0454. 茶歌　歐陽修 …………………………… 184

0455. 雙井茶　歐陽修 ………………………… 185

0456. 送龍茶與許道人　歐陽修 …………… 186

0457. 初識茶花　陳與義 ……………………… 186

0458. 茉莉　葉廷珪 …………………………… 186

0459. 記夢迴文二首　蘇軾 …………………… 186

0460. 次韻曹輔寄壑源試焙新茶　蘇軾 ……… 187

0461. 惠山謁錢道人烹小龍團登絕頂望太湖
　　　蘇軾 …………………………………… 187

0462. 汲江煎茶　蘇軾 …………………………… 188

0463. 試院煎茶　蘇軾 …………………………… 188

0464. 寄周安孺茶　蘇軾 ………………………… 188

0465. 月兔茶　蘇軾 ……………………………… 190

0466. 和錢安道寄惠建茶　蘇軾 ………………… 191

0467. 和蔣夔寄茶　蘇軾 ………………………… 191

0468. 魯直以詩饋雙井茶次其韻為謝　蘇軾‥ 192

0469. 送南屏謙師　蘇軾 ………………………… 192

0470. 怡然以垂雲新茶見餉報以大龍團仍戲
　　　作小詩　蘇軾 …………………………… 193

0471. 遊諸佛舍一日飲釅茶七盞戲書勤師壁
　　　蘇軾 …………………………………… 193

0472. 和子瞻煎茶　蘇轍 ………………………… 193

0473. 宋城宰韓秉文惠日鑄茶　蘇轍 …………… 194

0474. 蜀井　蘇轍 ………………………………… 194

0475. 北苑十詠　蔡襄 …………………………… 195

0476. 即惠山煮茶　蔡襄 ………………………… 196

0477. 題僧希元禪隱堂　蔡襄 …………………… 196

0478. 謝張和仲惠寶雲茶　王令 ………………… 197

0479. 靈山試茶歌　陳襄 ………………………… 197

0480. 嘗新茶　曾鞏 ……………………………… 197

0481. 春日閒居　黃庶 …………………………… 198

0482. 戲答荊州王充道烹茶　黃庭堅 …………… 198

0483. 寄新茶與南禪師　黃庭堅 ………………… 199

0484. 雙井茶送子瞻　黃庭堅 …………………… 199

0485. 謝送碾賜壑源揀芽　黃庭堅 ……………… 199

0486. 以小龍團及半挺贈无咎並詩用前韻
　　　為戲　黃庭堅 …………………………… 200

0487. 博士王揚休碾密雲龍同事十三人飲之
　　　戲作　黃庭堅 …………………………… 200

0488. 答黃冕仲索煎雙井並簡揚休　黃庭堅‥ 201

0489. 送李德素歸舒城　黃庭堅 ………………… 201

0490. 謝公擇舅分賜茶　黃庭堅 ……… 202

0491. 以雙井茶送孔常父武仲　黃庭堅 …… 202

0492. 和涼軒二首　黃庭堅 ……… 203

0493. 題默軒和遵老　黃庭堅 ……… 203

0494. 新喻道中寄元明用觴字韻　黃庭堅 …… 203

0495. 茶　秦觀 ……… 204

0496. 茶臼　秦觀 ……… 204

0497. 閏月二日清坐　章甫 ……… 204

0498. 送茶宋大監　毛滂 ……… 205

0499. 醉中偶成　樂雷發 ……… 205

0500. 九日分韻得去字　彭龜年 ……… 205

0501. 香茶供養黃檗長老悟公故人之塔，並
　　　以小詩見意二首　朱熹 ……… 206

0502. 茶灶　朱熹 ……… 206

0503. 詠茶　朱熹 ……… 206

0504. 茶阪　朱熹 ……… 207

0505. 夜得岳後庵僧家園新茶甚不多輒分數
　　　碗奉伯承　朱熹 ……… 207

0506. 積芳圃　朱熹 ……… 208

0507. 休庵　朱熹 ……… 208

0508. 題臨江茶閣　翁元廣 ……… 208

0509. 夢回　翁卷 ……… 209

0510. 崇壽寺　吳鋼 ……… 209

0511. 東庵與道者語有感　張蘊 ……… 209

0512. 湖上口占　鄭清之 ……… 209

0513. 默坐偶成　鄭清之 ……… 210

0514. 題石橋　陳知柔 ……… 210

0515. 題湯郎中玉峽　方岳 ……… 210

0516. 離括日子安湯卿子貫同宿天寧　方岳 ‥ 211

0517. 過襄陽　李復 ……… 211

0518. 八月上澣登步雲亭　韋驤 ……… 211

0519. 香山野步二首　舒亶 ……… 211

0520. 感興　吳龍翰 ……… 212

0521. 天童石溪　陸詮 ……… 213

0522. 磨茶橋詩　白川 ……………… 213

0523. 四禪寮詩　白川 ……………… 213

0524. 排句十二韻　謝秉昌 ………… 213

0525. 寒夜　杜耒 …………………… 214

0526. 煮茶　晏殊 …………………… 214

0527. 賞茶　戴昺 …………………… 214

0528. 明慶僧房夜坐詩　趙鼎 ……… 215

0529. 次韻魯直謝李左丞送茶　晁補之 …… 215

0530. 魯直復以詩送茶雲願君飲此勿飲酒
　　　次韻　晁補之 ……………… 216

0531. 陸元鈞宰寄日注茶　晁沖之 … 216

0532. 簡江子之求茶　晁沖之 ……… 217

0533. 謝人送鳳團及建茶　韓駒 …… 217

0534. 飲修仁茶　孫覿 ……………… 217

0535. 李茂嘉寄茶　孫覿 …………… 218

0536. 次韻劉昇卿惠焦坑寺茶用東坡韻
　　　王庭珪 …………………… 218

0537. 戲酬嘗草茶　沈與求 ………… 218

0538. 韋齋記茶　朱松 ……………… 219

0539. 茶岩　羅願 …………………… 222

0540. 次韻王少府送焦坑茶　周必大 …… 223

0541. 胡邦衡生日以詩送北苑八銙日鑄二瓶
　　　周必大 …………………… 223

0542. 野谷茶詩　趙汝鐩 …………… 223

0543. 茶歌　白玉蟾 ………………… 228

0544. 澹庵坐上觀顯上人分茶　楊萬里 … 229

0545. 以六一泉煮雙井茶　楊萬里 … 230

0546. 謝木韞之舍人分送講筵賜茶　楊萬里 ‥ 230

0547. 陳蹇叔郎中出閩漕別送新茶，李聖俞
　　　郎中出手分似　楊萬里 …… 231

0548. 懷湘南舊遊寄起居劉學士　李建中 ‥‥ 231

0549. 贈老溪孚上人　蒲壽宬 ……… 231

0550. 崇福庵　韓淲 ………………… 232

0551. 留客煮餅因過山寺煎茶　韓淲 ‥‥‥‥ 232

0552. 柬乙翁上人　韓淲 ‥‥‥‥ 232

0553. 方齋子潛留淪茗　韓淲 ‥‥‥‥ 233

0554. 葉侍郎寄烏石茶昌甫詩謝之次韻同賦
　　　韓淲 ‥‥‥‥‥‥‥‥‥‥‥‥‥‥ 233

0555. 書逸人俞太中屋壁　魏野 ‥‥‥‥ 233

0556. 和宗人用見寄　魏野 ‥‥‥‥ 234

0557. 謝孫大諫惠茶　魏野 ‥‥‥‥ 234

0558. 和薛田察院詠雪三首　魏野 ‥‥‥ 234

0559. 鶴引洗衣僧　林希逸 ‥‥‥‥‥‥ 235

0560. 隔竹敲茶　林希逸 ‥‥‥‥‥‥ 235

0561. 烹茶鶴避煙　林希逸 ‥‥‥‥‥‥ 236

0562. 題慈德寺頤堂為長老宗顯作　鄒浩 ‥ 236

0563. 遊青原　文天祥 ‥‥‥‥‥‥‥‥ 236

0564. 遊惠山二首　蔣之奇 ‥‥‥‥‥‥ 237

0565. 雨坐遣心　李彭 ‥‥‥‥‥‥‥‥ 237

0566. 同吳周朋高虞卿尋泉憩積暑下庵
　　　王洋 ‥‥‥‥‥‥‥‥‥‥‥‥‥ 238

0567. 陪方何諸人後庵謝客紀事　王洋 ‥‥ 238

0568. 閒遊　陸游 ‥‥‥‥‥‥‥‥‥‥ 238

0569. 雪後煎茶　陸游 ‥‥‥‥‥‥‥‥ 238

0570. 出遊　陸游 ‥‥‥‥‥‥‥‥‥‥ 239

0571. 雪歌　陸游 ‥‥‥‥‥‥‥‥‥‥ 239

0572. 臨安春雨初霽　陸游 ‥‥‥‥‥‥ 239

0573. 次銛樸翁韻　陳造 ‥‥‥‥‥‥‥ 240

0574. 題靈峰三絕　王十朋 ‥‥‥‥‥‥ 240

0575. 夔州竹枝歌　范成大 ‥‥‥‥‥‥ 240

0576. 茶聲　李南金 ‥‥‥‥‥‥‥‥‥ 241

0577. 詠茶　王重陽 ‥‥‥‥‥‥‥‥‥ 241

0578. 勸眾修持　譚處端 ‥‥‥‥‥‥‥ 241

0579. 訪踞湖仇山人隱居　馬雲 ‥‥‥‥ 242

0580. 茶山數首　曾幾 ‥‥‥‥‥‥‥‥ 242

0581. 謝崇上人惠新茶　曹勳 ‥‥‥‥‥ 253

0582. 茗地源　陳岩 ‥‥‥‥‥‥‥‥‥ 253

0583. 上下華池　陳岩 ‥‥‥‥‥‥‥‥ 254

0584. 煎茶峰　陳岩 …………………………… 254

0585. 金地茶　陳岩 …………………………… 254

0586. 元友山南山新居　仇遠 …………… 255

0587. 雜詩　李純甫 …………………………… 255

0588. 偶成　吳激 ……………………………… 255

0589. 夏直　趙秉文 …………………………… 256

0590. 新樣團茶　李俊民 …………………… 256

0591. 茗飲　元好問 …………………………… 256

0592. 台山雜詠　元好問 …………………… 257

0593. 煮茶　同恕 ……………………………… 257

0594. 石鼎茶聲　葉顒 ……………………… 257

0595. 煮土茶歌　洪希文 …………………… 257

0596. 竹枝詞　王士熙 ……………………… 258

0597. 龍門茶屋圖　倪瓚 …………………… 258

0598. 次曹都水韻　倪瓚 …………………… 258

0599. 題蔡端明蘇東坡墨蹟後　虞集 …… 259

0600. 白雲詩　薩都剌 ……………………… 259

0601. 元統乙亥，余除閩憲知事，未行，立春
　　十日，參政許可用惠茶，寄詩以謝
　　　　薩都剌 ………………………………… 260

0602. 土銼茶煙　李謙亨 …………………… 260

0603. 茶灶石　蔡廷秀 ……………………… 261

0604. 送哲古心往吳江報恩寺　張憲 …… 261

0605. 玉山草堂　周砥 ……………………… 261

0606. 嘗雲芝茶　劉秉忠 …………………… 261

0607. 試高麗茶　劉秉忠 …………………… 262

0608. 雪煎茶　謝宗可 ……………………… 262

0609. 煮茶聲　謝宗可 ……………………… 262

0610. 對茶　孫淑 ……………………………… 263

0611. 寄徑山顏悅堂長老二首　謝應芳 …… 263

0612. 寄題無錫錢仲毅煮茗軒　謝應芳 …… 263

0613. 甫里先生故宅，是時馬縣尹葺其廟
　　　　成廷珪 ………………………………… 264

0614. 同鄭德明訪寶曇上人不遇賦此二絕
　　　　成廷珪 ………………………………… 264

0615. 嶺南宜蒙子解渴水歌　吳萊 ············· 264

0616. 戊午七月六日書事　凌雲翰 ············· 265

0617. 茗理　朱升 ·· 265

0618. 題天湖庵　陳泰 ·································· 265

0619. 慈谿東皋茶亭詩　劉仁本 ·············· 266

0620. 偶書　黃庚 ··· 266

0621. 竹窗　馬臻 ··· 266

0622. 瀹茶　羅大經 ····································· 266

0623. 遊虎丘　郭麟孫 ································· 267

0624. 西域從王君玉乞茶，因其韻七首
　　　　耶律楚材 ································· 268

0625. 婺源道中　方回 ································· 269

0626. 桐江次韻數首　方回 ······················· 269

0627. 丁繼道索茶於天寧方丈次韻　唐元 ···· 272

0628. 答朱鶴皋惠茶　侯克中 ··················· 273

0629. 偕胡伴讀訪繼上人　唐文鳳 ············· 273

0630. 彭印周書齋偶得　何南鳳 ················ 273

0631. 煮茶圖　胡奎 ····································· 274

0632. 訪僧不遇　胡奎 ································· 274

0633. 病中試新茶　唐順之 ······················· 274

0634. 遊海珠寺　鄺夢琰 ···························· 275

0635. 偕陳仲醇陳箕仲遊青野禪寺　方應選 ·· 275

0636. 靜庵茶詩　張羽 ································· 275

0637. 太史茶詩　高啟 ································· 276

0638. 登上塔　豐坊 ····································· 278

0639. 茶鐺煮月　蔡欽 ································· 279

0640. 茶山宿霧　陳朝輔 ···························· 279

0641. 淨室茶煙　陳朝輔 ···························· 279

0642. 靜寄軒詩三首　朱存理 ··················· 279

0643. 竹林寺　王翰 ····································· 280

0644. 再同二公登雨花臺仍用花字　王世貞 ·· 280

0645. 遊靈峰寺　樊阜 ································· 280

0646. 憶靈巖　朱諫 ····································· 281

0647. 和謝吳東潤惠悟道泉詩　沈周 ·········· 281

0648. 寶林裴師八十　沈周 ······················· 281

0649. 訪劉山人不值　李攀龍 ……………… 282

0650. 黃華夜宿　李聯芳 ………………………… 282

0651. 送翰林宋先生致仕歸金華　孫蕡 …… 282

0652. 和茅孝若試岕茶歌兼訂分茶之約
　　　　汪道會 …………………… 283

0653. 宿牛首寺　陳鋒 ………………………… 283

0654. 某伯子惠虎丘茗謝之　徐渭 ……… 284

0655. 暮春偶過山家　吳兆 …………………… 284

0656. 法海寺　吳兆 …………………………… 285

0657. 雲英詩　朱有燉 ………………………… 285

0658. 題贈二上人泉茶　朱樸 ……………… 285

0659. 即景留題三首　楊基 ………………… 286

0660. 春江對雪　楊基 ………………………… 287

0661. 題周伯陽所居　徐賁 ………………… 287

0662. 寧國溪上　魏觀 ………………………… 288

0663. 睡起　陳汝言 …………………………… 288

0664. 鄞江漁者歌贈陳仲謙　王彝 ……… 288

0665. 白雲泉煮茶　韓奕 …………………… 289

0666. 山院　韓奕 ……………………………… 290

0667. 南歸途中先寄諸鄉友　陳憲章 …… 290

0668. 題畫　唐寅 ……………………………… 290

0669. 閒居漫興　浦瑾 ……………………… 291

0670. 與陸無蹇宿資慶寺　蔡羽 ………… 291

0671. 題唐伯虎烹茶圖為喻正之太守三首
　　　　王稚登 …………………… 292

0672. 讀李洞詩　袁宗道 …………………… 292

0673. 皇甫仲璋邀飲惠山　袁宏道 ……… 292

0674. 昌平道中　袁宏道 …………………… 293

0675. 寄方壺道人　劉仔肩 ………………… 293

0676. 書句容丁溪僧舍壁　吳寬 ………… 293

0677. 愛茶歌　吳寬 ………………………… 294

0678. 留題治平寺次前韻　吳寬 ………… 294

0679. 宿東禪寺淨公房　吳寬 …………… 294

0680. 遊惠山入聽松庵觀竹茶爐　吳寬 …… 295

0681. 謝吳東潤惠悟道泉　吳寬 ………… 295

0682. 侄奕勺泉烹茶風味甚勝　吳寬 ………… 296

0683. 題王濬之茗醉廬　吳寬 ………… 296

0684. 寄趙凡夫　吳鼎芳 ………… 296

0685. 前溪　吳鼎芳 ………… 297

0686. 遊寺寄統有宗集仲祥　沐昂 ………… 297

0687. 容春堂茶詠　邵寶 ………… 297

0688. 答葉東林　汪麗陽 ………… 299

0689. 送茶僧　陸容 ………… 299

0690. 贈歐道士賣茶　施漸 ………… 299

0691. 贈煎茶僧　董其昌 ………… 299

0692. 題夏圭溪山清遠圖詩　陳川 ………… 300

0693. 秋夕　吳承恩 ………… 300

0694. 酬張少府惠山僧茶　林鴻 ………… 300

0695. 和竹茶灶詩　王紱 ………… 301

0696. 竹茶爐為僧題　王紱 ………… 301

0697. 雪夜凱師留宿戲贈　王紱 ………… 302

0698. 題化城　王守仁 ………… 302

0699. 登憑虛閣和石少宰韻　王守仁 ………… 302

0700. 夜坐徑山松源樓聯句　王洪等 ………… 302

0701. 題徑山　陳調鼎 ………… 303

0702. 同蘇更生宿徑山煮茶　洪都 ………… 303

0703. 和章水部沙坪茶歌　楊慎 ………… 303

0704. 追次王友石中舍竹茶爐韻　莫止 ………… 304

0705. 次韻匏庵學士題復竹茶爐卷　莫止 ………… 304

0706. 蕉石軒　文嘉 ………… 305

0707. 夢遊洪山寺　管時敏 ………… 305

0708. 春日山行　黃淳耀 ………… 305

0709. 竹茶爐卷　程敏政 ………… 305

0710. 題南宋陳樞長江萬里圖　程敏政 ………… 306

0711. 竹茶爐次吳原博諭德韻　楊守址 ………… 306

0712. 晚步缽盂庵　曹延生 ………… 307

0713. 古雪齋看山茶　陳大猷 ………… 307

0714. 秋夜試茶　馮時可 ………… 307

0715. 傳衣寺　謝肇淛 ………… 308

0716. 夏日獅林小憩　曾化龍⋯⋯⋯⋯⋯ 308

0717. 題掃雪煎茶圖　王立道⋯⋯⋯⋯⋯ 308

0718. 題潯陽送客掃雪烹茶二小畫　顧清⋯ 309

0719. 酌悟道泉　王寵⋯⋯⋯⋯⋯⋯⋯ 309

0720. 遊翠峰寺　徐禎卿⋯⋯⋯⋯⋯⋯ 310

0721. 煎茶圖　徐禎卿⋯⋯⋯⋯⋯⋯⋯ 310

0722. 茶煙　瞿祐⋯⋯⋯⋯⋯⋯⋯⋯⋯ 310

0723. 陸羽烹茶圖　張以寧⋯⋯⋯⋯⋯ 310

0724. 遊招隱洞訪懋修禪師　范鳳翼⋯⋯ 311

0725. 閒興　文徵明⋯⋯⋯⋯⋯⋯⋯⋯ 311

0726. 同王履約過道，復東堂，時雨後牡丹狼
　　　藉，存葉底一花，感而賦詩，邀道復履
　　　約同作　文徵明⋯⋯⋯⋯⋯⋯⋯ 311

0727. 夏日閒居　文徵明⋯⋯⋯⋯⋯⋯ 312

0728. 鄭太吉送慧泉試吳大本寄茶　文徵明⋯ 312

0729. 法華寺　曾源昌⋯⋯⋯⋯⋯⋯⋯ 312

0730. 法華寺　王名標⋯⋯⋯⋯⋯⋯⋯ 313

0731. 彌陀寺　張湄⋯⋯⋯⋯⋯⋯⋯⋯ 313

0732. 煮茶　彭孫遹⋯⋯⋯⋯⋯⋯⋯⋯ 314

0733. 七言詩　鄭板橋⋯⋯⋯⋯⋯⋯⋯ 314

0734. 書七絕十五首長卷　鄭板橋⋯⋯⋯ 314

0735. 家兗州太守贈茶　鄭板橋⋯⋯⋯⋯ 314

0736. 袁垕吾留都　張問陶⋯⋯⋯⋯⋯ 315

0737. 靈泉寺僧樓　張問陶⋯⋯⋯⋯⋯ 315

0738. 瑞庵居士小照　張問陶⋯⋯⋯⋯ 315

0739. 潮州春思　丘逢甲⋯⋯⋯⋯⋯⋯ 316

0740. 茶山觀　丘逢甲⋯⋯⋯⋯⋯⋯⋯ 316

0741. 過雙林寺　湯右曾⋯⋯⋯⋯⋯⋯ 316

0742. 登角山寺　湯右曾⋯⋯⋯⋯⋯⋯ 316

0743. 雨後　湯右曾⋯⋯⋯⋯⋯⋯⋯⋯ 317

0744. 曉過曲水庵　汪還仁⋯⋯⋯⋯⋯ 317

0745. 茗齋茶詩　彭孫貽⋯⋯⋯⋯⋯⋯ 317

0746. 南嶽摘茶詞十首　王夫之⋯⋯⋯⋯ 328

0747. 泊儲潭廟　顧嗣立⋯⋯⋯⋯⋯⋯ 329

0748. 御賜武夷芽茶恭記　查慎行 ………… 330

0749. 閩茶曲十首　周亮工 ………… 330

0750. 御製大悲寺詩　于敏中 ………… 333

0751. 坐千尺雪烹茶作　乾隆 ………… 333

0752. 題惠泉山房　乾隆 ………… 333

0753. 味甘書屋　乾隆 ………… 334

0754. 東甘澗　乾隆 ………… 334

0755. 晚步鄰庵訪盤山和尚共話　何五雲 …… 334

0756. 卓錫泉　鄭天采 ………… 335

0757. 方丈茶話　施樵 ………… 335

0758. 遊黃檗　佚名 ………… 335

0759. 遊徑山　胡朝 ………… 336

0760. 幽居　胡文學 ………… 336

0761. 寒食紆秀上人禪房　鄭文寶 ………… 336

0762. 即事三首　張英 ………… 336

0763. 虎岩聽竹　黃驤雲 ………… 337

0764. 茶酒水相慢詩　佚名 ………… 337

0765. 冠石　林時益 ………… 338

0766. 將雪　陶善 ………… 338

0767. 香嚴寺看菜花留贈紺池上人二首
　　　宋犖 ………… 338

0768. 後蘇龕二首　施士潔 ………… 339

0769. 正月三日南湖大雪用東坡先生清虛堂
雪韻　厲鶚 ………… 339

0770. 博山臺　厲鶚 ………… 340

0771. 大圓上人惠紫菜補陀茶用山谷集中食
筍韻　厲鶚 ………… 340

0772. 坐月冷泉亭贈巨公　厲鶚 ………… 340

0773. 蠶豆和朱稼翁　汪沆 ………… 341

0774. 即事四首　曹雪芹 ………… 341

0775. 茶　高鶚 ………… 342

0776. 無盡意齋茶詩七首　趙樸初 ………… 342

0777. 彩雲南茶歌　馮天春 ………… 344

0778. 禪茶次第頌　馮天春 ………… 344

0779. 六根入茶　馮天春 ………… 345

0780. 吃茶三參　馮天春 ···················· 346

0781. 煮禪　馮天春 ···················· 346

0782. 雞足山問禪　馮天春 ·············· 347

0783. 無相茶　馮天春 ·················· 347

0784. 春山空　馮天春 ·················· 347

0785. 極簡茶法　馮天春 ················ 348

下　冊

第三編　禪茶詞曲 ···················· 349

0786. 驀山溪・詠茶　王質 ·············· 349

0787. 望江南・超然臺作　蘇軾 ·········· 349

0788. 浣溪沙・籟籟衣巾落棗花　蘇軾 ···· 350

0789. 浣溪沙・細雨斜風作曉寒　蘇軾 ···· 350

0790. 西江月・茶詞　蘇軾 ·············· 350

0791. 行香子・茶詞　蘇軾 ·············· 350

0792. 水調歌頭・嘗問大冶乞桃花茶　蘇軾·· 351

0793. 玉樓春・青墩僧舍作　陳與義 ······ 351

0794. 沁園春・又是年時　王炎午 ········ 351

0795. 醉花陰・試茶　舒亶 ·············· 352

0796. 菩薩蠻・湖心寺席上賦茶詞　舒亶 ··· 352

0797. 阮郎歸・效福唐獨木橋體作茶詞

　　　　　黄庭堅 ···················· 352

0798. 阮郎歸・黔中桃李可尋芳　黄庭堅 ··· 353

0799. 阮郎歸・摘山初製小龍團　黄庭堅 ··· 353

0800. 阮郎歸・歌停檀板舞停鸞　黄庭堅 ··· 353

0801. 看花回・茶詞　黄庭堅 ············ 353

0802. 踏莎行・茶詞　黄庭堅 ············ 354

0803. 滿庭芳・詠茶　黄庭堅 ············ 354

0804. 西江月・茶詞　黄庭堅 ············ 355

0805. 一斛珠・香芽嫩茶清心骨　黄庭堅 ··· 355

0806. 品令・茶詞　黄庭堅 ·············· 355

0807. 滿庭芳・詠茶　秦觀 ·············· 356

0808. 醉太平・風爐煮茶　米芾 ·········· 356

0809. 使牛子・晚天雨霽　曹冠 ·········· 356

0810. 城頭月・贈梁彌仙　馬天驥 ………… 357

0811. 滿庭芳・詠茶　陳師道 ………… 357

0812. 南鄉子・九日用東坡韻　陳師道 …… 357

0813. 南柯子・問王立督茶　陳師道 …… 358

0814. 浣溪沙・過盧申之　韓淲 ………… 358

0815. 浣溪沙・次韻伊一　韓淲 ………… 358

0816. 西江月・侑茶詞　毛滂 ………… 358

0817. 玉樓春・戊寅重陽，病中不飲，惟煎小
雲團一盃薦以菊花　毛滂 ………… 359

0818. 蝶戀花・送茶　毛滂 ………… 359

0819. 山花子・天雨新晴，孫使君宴客雙石
堂，遣官奴試小龍茶　毛滂 ……… 359

0820. 玉樓春・侑茶　毛滂 ………… 359

0821. 武陵春・茶　謝逸 ………… 360

0822. 謁金門・簾外雨　謝逸 ………… 360

0823. 浣溪沙・送因覺先　德洪 ………… 360

0824. 臨江仙・和梁才甫茶詞　王安中 …… 361

0825. 好事近・茶　王庭珪 ………… 361

0826. 朝中措・先生筇杖是生涯　朱敦儒 … 361

0827. 好事近・茶　朱敦儒 ………… 361

0828. 訴衷情・月中玉兔日中鴉　朱敦儒 … 362

0829. 攤破浣溪沙・茶詞　周紫芝 ………… 362

0830. 攤破浣溪沙・湯詞　周紫芝 ………… 362

0831. 攤破浣溪沙・病起蕭蕭兩鬢華　李清照
………… 362

0832. 鷓鴣天・寒日蕭蕭上鎖窗　李清照 …… 363

0833. 西江月・試茶　王之道 ………… 363

0834. 滿江紅・泛宅浮家　胡仔 ………… 363

0835. 南歌子・熟水　史浩 ………… 364

0836. 畫堂春・茶詞　史浩 ………… 364

0837. 水調歌頭・草草三間屋　傅大詢 …… 364

0838. 玉樓春・茶　楊无咎 ………… 364

0839. 清平樂・熟水　楊无咎 ………… 365

0840. 清平樂・花陰轉午　楊无咎 ………… 365

0841. 朝中措・熟水　楊无咎 ………… 365

0842. 醉蓬萊・茶　楊无咎 ………………… 365

0843. 阮郎歸・茶寮山上一頭陀　徐淵子 …… 366

0844. 醉落魄・辛未九月望和答慶符　胡銓 … 366

0845. 朝中措・身閒身健是生涯　范成大 …… 366

0846. 武陵春・長鋏歸乎逾十暑　楊萬里 …… 366

0847. 浣溪沙・貢茶、沉水為楊齊伯壽

　　　張孝祥 ………………………………… 367

0848. 柳梢青・茶　李處全 …………………… 367

0849. 驀山溪・巢安寮畢工　王炎 ………… 367

0850. 六么令・用陸氏事，送玉山令陸德隆侍

　　　親東歸吳中　辛棄疾 ………………… 368

0851. 水龍吟・聽兮清佩瓊瑤些　辛棄疾 …… 368

0852. 定風波・暮春漫興　辛棄疾 ………… 368

0853. 鷓鴣天・自古高人最可嗟　辛棄疾 …… 369

0854. 好事近・春日郊遊　辛棄疾 ………… 369

0855. 減字木蘭花・宿僧房作　辛棄疾 …… 369

0856. 訴衷情・閑中一盞建溪茶　張掄 …… 369

0857. 西江月・茶詞　程珌 …………………… 370

0858. 鷓鴣天・湯詞　程珌 …………………… 370

0859. 滿庭芳・有碾龍團為供求詩者，作長短

　　　句報之　李之儀 …………………… 370

0860. 好事近・詠茶筅　劉過 ………………… 371

0861. 沁園春・和伍子嚴避暑　趙師俠 …… 371

0862. 賀新郎・挽住風前柳　盧祖皋 ……… 371

0863. 滿江紅・夜雨涼甚忽動從戎之興

　　　劉克莊 ………………………………… 372

0864. 六州歌頭・牡丹　劉克莊 …………… 372

0865. 驀山溪・自述　宋自遜 ……………… 373

0866. 水調歌頭・詠茶　白玉蟾 …………… 373

0867. 望江南・乙未生日　方岳 …………… 373

0868. 滿江紅・築室依崖　潘牥 …………… 374

0869. 滿江紅・和呂居仁侍郎東萊先生韻

　　　吳潛 …………………………………… 374

0870. 疏影・千門委玉　吳潛 ……………… 374

0871. 望江南・茶　吳文英 ………………… 375

0872. 無悶・霓節飛瓊　吳文英 …………… 375

0873. 掃花遊・贈芸隱　吳文英 …………… 375

0874. 戀繡衾・頻摩書眼　吳文英 …………… 376

0875. 鵲橋仙・次韻元春兄　陳著 …………… 376

0876. 朝中措・茶詞　程垓 …………… 376

0877. 朝中措・湯詞　程垓 …………… 377

0878. 朝中措・求田何處是生涯　陳三聘 …… 377

0879. 臨江仙・何處甘泉來席上　易少夫人 ‥ 377

0880. 踏莎行・瑤草收香　張炎 …………… 377

0881. 踏莎行・題盧仝啜茶手卷　張炎 …… 378

0882. 風入松・為山村賦　張炎 …………… 378

0883. 風入松・酌惠山泉　張炎 …………… 378

0884. 朝中措・竹　馬莊父 …………… 378

0885. 木蘭花慢・漢家麋粟詔　羅志仁 …… 379

0886. 風流子・夜久燭花暗　王千秋 …… 379

0887. 生查子・花飛錦繡香　王千秋 …… 379

0888. 喜遷鶯・雪　王千秋 …………… 380

0889. 洞仙歌・雪　沈端節 …………… 380

0890. 意難忘・括黃庭堅煎茶賦　林正大 … 380

0891. 滿江紅・夏　張半湖 …………… 381

0892. 掃花遊・柳絲曳綠　張半湖 …… 381

0893. 滿江紅・江西持憲節登高作　李昂英 ‥ 381

0894. 聲聲慢・禁釀　尹濟翁 …………… 382

0895. 聲聲慢・夏景　劉涇 …………… 382

0896. 西河・己亥秋作　黃昇 …………… 382

0897. 醉江月・戲題玉林　黃昇 …………… 383

0898. 謁金門・初春　黃昇 …………… 383

0899. 桂枝香・和詹天遊就訪　王學文 … 383

0900. 水龍吟・晝長簾幕　張矩 …………… 383

0901. 傾杯樂・橫塘水靜　張先 …………… 384

0902. 蘭陵王・和吳宣卿　葛郯 …………… 384

0903. 醉太平・壽須溪　顏奎 …………… 384

0904. 沁園春・東仙　張輯 …………… 385

0905. 齊天樂・如此江山　張輯 …………… 385

0906. 江神子慢・賦瑞香　蔡松年 …………… 385

0907. 滿江紅・伯平舍人親友得意西歸
　　　　蔡松年 ……………………………… 386
0908. 西江月・古殿蒼松偃蹇　蔡松年 …… 386
0909. 好事近・詠茶　蔡松年 ……………… 386
0910. 解佩令・茶肆　王重陽 ……………… 387
0911. 無夢令・啜盡盧仝七碗　王重陽 …… 387
0912. 玉樓春・宴河中瑞雪亭　馮延登 …… 387
0913. 踏雲行・茶　馬鈺 …………………… 388
0914. 長思仙・茶　馬鈺 …………………… 388
0915. 南柯子・予戒酒肉茶果久矣，特蒙公見
　　　　惠梨棗，就義成亂道一篇　馬鈺 …… 388
0916. 瑞鷓鴣・詠茶　馬鈺 ………………… 389
0917. 戰掉醜奴兒・自戒　馬鈺 …………… 389
0918. 清心鏡・戒掉粉洗面　馬鈺 ………… 389
0919. 桃源憶故人・五臺月長老來點茶
　　　　馬鈺 …………………………………… 390
0920. 阮郎歸・詠茶　譚處端 ……………… 390
0921. 太常引・非僧非俗亦非仙　譚處端 … 390
0922. 沉醉東風・閒居　盧摯 ……………… 390
0923. 蝶戀花・鄱江舟夜有懷餘干諸士兼寄
　　　　熊東採甫　盧摯 ……………………… 391
0924. 瑤臺第一層・詠茶　無名氏 ………… 391
0925. 喜春來・贈茶肆　李德載 …………… 391
0926. 阮郎歸・焙茶　洪希文 ……………… 393
0927. 浣溪沙・試茶　洪希文 ……………… 393
0928. 品令・試茶　洪希文 ………………… 393
0929. 好事近・夢破打門　元德明 ………… 393
0930. 好事近・次元德明韻　高士談 ……… 394
0931. 鷓鴣引・謁太一宮贈王季祥　王惲 … 394
0932. 木蘭花慢・十三年平陽秩滿清明日賦
　　　　王惲 …………………………………… 394
0933. 滿庭芳・雅燕飛觴　白樸 …………… 394
0934. 鷓鴣天・室人降日以此奉寄　魏初 … 395
0935. 南鄉子・深院日初長　張弘範 ……… 395
0936. 最高樓・次韻答張縣尹　劉敏中 …… 396

0937. 蝶戀花・帶上烏犀誰摘落　劉敏中……396

0938. 摸魚兒・觀復以摸魚子賦神廬見示次
韻答之　劉敏中………………………396

0939. 鵲橋仙・盆梅　劉敏中……………397

0940. 浣溪沙・瀲瀲清流淺見沙　劉敏中……397

0941. 浣溪沙・世事恒河水內沙　劉敏中……397

0942. 蝶戀花・答智仲敬　劉敏中……397

0943. 三奠子・念我行藏有命　劉秉忠……398

0944. 鸚鵡曲・茶　馮子振……………398

0945. 行香子・短短橫牆　馮子振……………399

0946. 殿前歡・懶雲窩　吳西逸……………399

0947. 紅繡鞋・題惠山寺　張可久……………400

0948. 紅繡鞋・集慶方丈　張可久……………400

0949. 人月圓・山中書事　張可久……………400

0950. 人月圓・開吳淞江遇雪　張可久……………400

0951. 人月圓・客垂虹三高祠下　張可久……401

0952. 水仙子・青衣洞天　張可久……401

0953. 折桂令・村庵即事　張可久……401

0954. 折桂令・遊金山寺　張可久……401

0955. 水仙子・山齋小集　張可久……………402

0956. 水仙子・惠山泉　徐再思……………402

0957. 水仙子・隱者　宋方壺……………402

0958. 水仙子・自凡　澹齋……………403

0959. 南浦・會波村　陶宗儀……………403

0960. 東風第一枝・詠茶　姬翼……………403

0961. 漁歌子・遙想山堂　管道升……404

0962. 青玉案・茶　黨懷英……404

0963. 行香子・止酒　張翥……………404

0964. 玉蝴蝶・擬豔　王世貞……405

0965. 解語花・題美人捧茶　王世貞………405

0966. 解語花・題美人捧茶　王世懋………405

0967. 蘇幕遮・夏景題茶　王世懋………406

0968. 小梁州・茶鋪　陳鐸………………406

0969. 鷓鴣天・竹爐湯沸火初紅　徐渭……406

0970. 點絳唇・泖橋次眉工韻　施紹莘……407

0971. 西江月・憶朗公歸山　施紹莘 ………… 407

0972. 小重山・茶　施紹莘 ………………… 407

0973. 浪淘沙・茶園即景　陳仲溱 ………… 407

0974. 端正好・修養　郭勳 ………………… 408

0975. 後庭花・俺看　郭勳 ………………… 409

0976. 點絳唇・歲稔時豐，萬邦賓貢　郭勳‥ 409

0977. 醉西湖・村裏迓古　郭勳 …………… 410

0978. 粉蝶兒・煙花夢　郭勳 ……………… 411

0979. 粉蝶兒・悟真如　郭勳 ……………… 412

0980. 一枝花・雙溪閒老　郭勳 …………… 414

0981. 一枝花・閒樂　郭勳 ………………… 414

0982. 一枝花・冬雪　郭勳 ………………… 415

0983. 新水令・樂道　郭勳 ………………… 416

0984. 新水令・知幾　郭勳 ………………… 416

0985. 紅繡鞋・烹茶掃雪　郭勳 …………… 417

0986. 紅繡鞋・隱逸　郭勳 ………………… 417

0987. 山花子・戴澳 ………………………… 418

0988. 搗練子・春睡足　錢繼振 …………… 418

0989. 浪淘沙・薄暮峭寒分　葉小鸞 ……… 418

0990. 青玉案・數竿疏竹野人家　裘昌今 … 418

0991. 滿庭芳・蕉長青篆　吳宗達 ………… 419

0992. 天仙子・煮茗　高濂 ………………… 419

0993. 桂枝香・寄友村居　張逸 …………… 419

0994. 百字令・穀雨試茶　黃遐昌 ………… 420

0995. 滿江紅・題聖月兄歸來圖　錢肅圖 … 420

0996. 攤破浣溪沙・蜂欲分衙燕補巢　陳繼儒

　　　　　　　　　　　　　　 ………… 420

0997. 點絳唇・題金石齋　陳繼儒 ………… 420

0998. 點絳唇・涼雨初晴　陳繼儒 ………… 421

0999. 點絳唇・天池　陳繼儒 ……………… 421

1000. 點絳唇・題泖橋澄鑒寺　陳繼儒 …… 421

1001. 滿庭芳・村莊　陳繼儒 ……………… 421

1002. 滿庭芳・癸巳除夕示禪眾烹露地白牛詞

　　　戒易 …………………………… 422

1003. 燭影搖紅・山塘即事　吳偉業 ……… 422

1004. 意難忘・山家　吳偉業 ……… 422

1005. 高陽臺・天平山　王昶 ……………… 423

1006. 洞仙歌・自題小像　王昶 ……………… 423

1007. 浣溪沙・誰念西風獨自涼　納蘭性德‥ 423

1008. 晏清都・詠宋人大食瓷茶杯　曹貞吉‥ 423

1009. 南鄉子・宿瑪瑙寺禪房　黃燮清 ……… 424

1010. 齊天樂・偕研仙、馥塘嘉善城南看菜花
　　　至南瞻庵　黃燮清 ……………… 424

1011. 采桑子・玲瓏亭子分三面　黃燮清 …… 424

1012. 鷓鴣天・僻處門無剝啄聲　喬萊 …… 425

1013. 柳梢青・效許圭塘體　厲鶚 …… 425

1014. 東風第一枝・癸卯元夕雪晴　厲鶚 …… 425

1015. 風入松・憶茶　厲鶚 ……………… 425

1016. 減字木蘭花・過張無夜花龕　厲鶚 … 426

1017. 臺城路・當湖喜晤張今涪別去以詞見
　　　寄依韻奉酬　厲鶚 ……………… 426

1018. 齊天樂・送樊榭歸西湖　馬曰琯 …… 426

1019. 采桑子・題焦山僧房　孫枝蔚 …… 426

1020. 菩薩蠻・賦雪中寶珠山茶　孫枝蔚 …… 427

1021. 沁園春・詠香　孫枝蔚 ……………… 427

1022. 柳枝・人日過畹仙校書家　陳維崧 …… 427

1023. 浣溪沙・偶憩清和庵即事　陳維崧 …… 428

1024. 太常引・坐積翠閣，同吳園次賦
　　　陳維崧 ……………… 428

1025. 醉鄉春・詠茶花　陳維崧 ……… 428

1026. 茶瓶兒・詠茗　陳維崧 ……………… 428

1027. 河傳第三體・新茗　陳維崧 ………… 429

1028. 鷓鴣天・謝史蘧庵先生惠新茗　陳維崧
　　　……………………………… 429

1029. 醉春風・豔情　陳維崧 ……………… 429

1030. 玉梅令・同雲臣諸子過放庵禪院看梅，
　　　時積雨新霽　陳維崧 …………… 429

1031. 皂羅特髻・憩慶雲庵方丈後小軒
　　　陳維崧 ……………… 430

1032. 驀山溪・惠山泉亭看月　陳維崧 …… 430

1033. 千秋歲引・壽蘧庵先生七十　陳維崧‥ 430

1034. 洞仙歌‧偶過岵雲上人蘭若，見其庭下
　　　紅梅盛開，漫詠　　陳維崧 ……………… 431
1035. 鶴衝天‧題鄒生巽含小像　陳維崧 ……… 431
1036. 勸金船‧茶花　陳維崧 …………………… 431
1037. 東風齊著力‧田家　陳維崧 ……………… 432
1038. 琵琶仙‧泥蓮庵夜宿同子萬弟與寺僧
　　　閒話　陳維崧 ………………………………… 432
1039. 喜遷鶯‧詠滇茶　陳維崧 ………………… 432
1040. 錦堂春‧納涼　張錫懌 …………………… 433
1041. 金縷曲‧送盛鶴江入都　查慎行 ………… 433
1042. 風流子‧喜韜荒兄楚歸　查慎行 ………… 433
1043. 沁園春‧送友人遊洞庭山　查慎行 ……… 434
1044. 滿庭芳‧陳簡齋先生新葺閒園隨黎州
　　　黃夫子過訪留贈　查慎行 …………………… 434
1045. 臨江仙‧北山寓樓與宋梅知夜話
　　　查慎行 ………………………………………… 434
1046. 朝中措‧夜遊虎丘　查慎行 ……………… 434
1047. 晏清都‧過無錫，風便不及泊，遙望九
　　　龍在蒼翠。間向鄰舟分得山泉半瓶，烹
　　　茶破睡　查慎行 ……………………………… 435
1048. 夢橫塘‧題城南田老齋壁　查慎行 ……… 435
1049. 掃花遊‧清明後一日再遊枉山與山學
　　　禪師茶話　查慎行 …………………………… 435
1050. 齊天樂‧庚申武陵立春　查慎行 ………… 436
1051. 二郎神‧午日風雨殘酒薰人竟成薄醉
　　　友人索余題扇填詞應之　查慎行 ………… 436
1052. 瀟湘夜雨‧長沙水檻亭為趙雲岑副使作
　　　查慎行 ………………………………………… 436
1053. 江南好‧虎丘送朱子容六丈入都癸亥
　　　二月　查慎行 ………………………………… 437
1054. 水龍吟‧次章質夫楊花舊韻　查慎行 … 437
1055. 瑞鶴仙‧武誇山下看道院製茶　查慎行
　　　 ………………………………………………… 437
1056. 滿庭芳‧贈郭方儀　鄭板橋 ……………… 438
1057. 鵲橋仙‧十一月八日　朱彝尊 …………… 438
1058. 摸魚子‧粉牆青虯簷百尺　朱彝尊 …… 438

1059. 天香‧龍涎香　朱彝尊 ⋯⋯⋯⋯⋯ 439

1060. 浣溪沙‧文石　高士奇 ⋯⋯⋯⋯⋯ 439

1061. 巫山一段雲‧遊小武當　鄭熙績 ⋯⋯ 439

1062. 一枝春‧茶甌中有一莖豎立，俗名茶
　　　仙，主有客來　俞樾⋯⋯⋯⋯⋯ 439

1063. 好事近‧茶壺茶瓶　邊壽民 ⋯⋯⋯ 440

1064. 昭君怨‧秋月蕩舟南山下　彭孫貽 ⋯ 440

1065. 霜天曉角‧賣花　彭孫貽 ⋯⋯⋯⋯ 440

1066. 御街行‧和伯姁寓內庭韻　彭孫貽 ⋯ 440

1067. 更漏子‧齋中自遣　彭孫貽 ⋯⋯⋯ 441

1068. 憶餘杭‧追憶朱廣文　彭孫貽 ⋯⋯ 441

1069. 拜星月慢‧立夏　彭孫貽 ⋯⋯⋯⋯ 441

1070. 浣溪沙‧初夏　彭孫遹 ⋯⋯⋯⋯⋯ 441

1071. 清平樂‧吳中棗寄百斿　彭孫遹 ⋯⋯ 442

1072. 感皇恩‧題北隱山房　彭孫遹 ⋯⋯ 442

1073. 蕙蘭芳引‧答悔庵餉酒茗　彭孫遹 ⋯ 442

1074. 沁園春‧酒後作歌與擎庵　彭孫遹 ⋯ 442

1075. 小諾皋‧維揚旅舍聞蟬　彭孫遹 ⋯⋯ 443

1076. 減字木蘭花‧夜涼人定　洪亮吉 ⋯⋯ 443

1077. 念奴嬌‧錢竹初松菊猶存圖　洪亮吉 ⋯ 443

1078. 賣花聲‧過三叉河贈練塘僧　洪亮吉 ⋯ 444

1079. 漁家傲‧題陳野航畫竹　洪亮吉 ⋯⋯ 444

1080. 桂殿秋‧飯已熟　洪亮吉 ⋯⋯⋯⋯ 444

1081. 鷓鴣天‧誰守柴門是野鷗　宋琬 ⋯⋯ 444

1082. 鵲橋仙‧雨中宿笑隱庵示笑魯和尚
　　　宋琬 ⋯⋯⋯⋯⋯⋯⋯⋯⋯⋯ 445

1083. 浣溪紗‧秋日園居二調　曹爾堪 ⋯⋯ 445

1084. 南鄉子‧春情　曹爾堪 ⋯⋯⋯⋯⋯ 445

1085. 中調臨江仙‧贈僧　曹爾堪 ⋯⋯⋯ 445

1086. 滿江紅‧王西樵考功見和江村詞用前
　　　韻示孫無言　曹爾堪 ⋯⋯⋯⋯ 446

1087. 滿江紅‧題柳村漁樂圖　曹爾堪 ⋯⋯ 446

1088. 菩薩蠻‧閔際行花乳茶　陳世祥 ⋯⋯ 446

1089. 念奴嬌‧題山語雨花臺看雲小幅
　　　陳世祥 ⋯⋯⋯⋯⋯⋯⋯⋯⋯ 447

1090. 滿江紅・自題舊照　黃永溪 ………… 447

1091. 霜天曉角・元夕　陸求可 ………… 447

1092. 柳稍青・寒食　陸求可 ………… 447

1093. 齊天樂・中秋泛舟　陸求可 ………… 448

1094. 女冠子・春雪　陸求可 ………… 448

1095. 風中柳・夏曉　陸求可 ………… 448

1096. 醉蓬萊・夏日遊湖　陸求可 ………… 449

1097. 小重山・夏懷　陸求可 ………… 449

1098. 陽關引・冬興　陸求可 ………… 449

1099. 塞翁吟・冬怨　陸求可 ………… 449

1100. 柳梢青・揚子江　陸求可 ………… 450

1101. 連理枝・佳人捧茶　陸求可 ………… 450

1102. 風入松・茶　陸求可 ………… 450

1103. 茶瓶兒・小鬟茶話　鄒祇謨 ………… 451

1104. 最高樓・丁亥答文友楚中寄詞　鄒祇謨
………… 451

1105. 風流子・村居　鄒祇謨 ………… 451

1106. 八歸・行石封山中小憩見村姬焙茶偶詠
　　鄒祇謨 ………… 451

1107. 思佳客・和吳夢窗詠半面髑髏　董俞 … 452

1108. 御街行・題太湖傍精藍　董俞 ………… 452

1109. 春從天上來・贈陸君暘　董俞 ………… 452

1110. 賀新郎・登龍池絕頂憑虛閣　史鑒宗 … 453

1111. 望江南・江南憶　錢繼章 ………… 453

1112. 風中柳・一點遙鍾　錢繼章 ………… 453

1113. 壺中天・茶船　姚燮 ………… 453

1114. 齊天樂・鼉湖訪孫幼連　姚燮 ………… 454

1115. 一枝春・姚燮 ………… 454

1116. 高陽臺・中泠紀遊圖　姚燮 ………… 454

1117. 八聲甘州・指江城北去是誰家　姚燮 … 455

1118. 小重山・理安寺　姚燮 ………… 455

1119. 聲聲慢・陳雲閣竹泉煮茗圖，依高竹
　　屋體　姚燮 ………… 455

1120. 攤破浣溪沙・入無量山　馮天春 ……… 455

第四編　性靈茶語 …………………………… 457

1121. 荈賦　杜毓 ……………………………………… 457
1122. 惠山寺新泉記　獨孤及 ………………………… 458
1123. 盧尚書簡辭有別墅　康駢 ……………………… 458
1124. 白尚書為少傅　康駢 …………………………… 458
1125. 三月三日茶宴序　呂溫 ………………………… 459
1126. 飲茶十德　劉貞亮 ……………………………… 459
1127. 方竹柱杖　嚴子休 ……………………………… 460
1128. 南有嘉茗賦　梅堯臣 …………………………… 460
1129. 龍茶錄後序　歐陽修 …………………………… 461
1130. 草茶第一　歐陽修 ……………………………… 461
1131. 進茶錄序　蔡襄 ………………………………… 462
1132. 茶經序　陳師道 ………………………………… 462
1133. 茶賦　吳淑 ……………………………………… 463
1134. 記唐李鎬自煎茶　王讜 ………………………… 463
1135. 三山評茶　胡舜陟 ……………………………… 464
1136. 對花啜茶　胡舜陟 ……………………………… 465
1137. 蔡寬夫評茶　蔡居厚 …………………………… 465
1138. 蜀之八處茶　范鎮 ……………………………… 466
1139. 李泌茶詩　范正敏 ……………………………… 466
1140. 山僧歌　汾陽無德 ……………………………… 467
1141. 葉濤試茶　蔡絛 ………………………………… 467
1142. 夢寐　蘇軾 ……………………………………… 467
1143. 陸子泉亭記　孫覿 ……………………………… 468
1144. 黔南道中行記　黃庭堅 ………………………… 468
1145. 飲綠閣　釋道璨 ………………………………… 469
1146. 評東坡汲江水煎茶詩　胡仔 …………………… 470
1147. 三不點　胡仔 …………………………………… 470
1148. 評黃魯直品令詞　胡仔 ………………………… 470
1149. 色黃鳥得為佳茗　胡仔 ………………………… 471
1150. 揚州有茶　胡仔 ………………………………… 471
1151. 雙井上品　胡仔 ………………………………… 471
1152. 答傅尚書　楊萬里 ……………………………… 472
1153. 日用下工夫處　林之奇 ………………………… 472

1154. 書陸羽點茶圖後　董逌 ………… 472

1155. 深雪偶談　方岳 …………………… 473

1156. 倪氏樂事　倪思 …………………… 474

1157. 棲深賦　劉詵 ……………………… 474

1158. 茶灶歌　陳泰 ……………………… 475

1159. 煮茶圖並序　袁桷 ………………… 475

1160. 李約活火　辛文房 ………………… 476

1161. 雖事有隆替而法無廢興　無際 …… 477

1162. 三茅山頂望江天雪霽　鍾惺 ……… 477

1163. 掃雪烹茶玩畫　鍾惺 ……………… 478

1164. 茶德頌　周履靖 …………………… 478

1165. 密陀僧散　張介賓 ………………… 478

1166. 送茶　佚名 ………………………… 479

1167. 謝惠新茶　佚名 …………………… 479

1168. 竹嶼山房製茶法　宋詡 …………… 479

1169. 挹翠亭雪遊記　張延登 …………… 481

1170. 春遊西山記　陸鈇 ………………… 481

1171. 高梁橋遊紀　袁宏道 ……………… 482

1172. 西塔寺記　楊一俊 ………………… 482

1173. 煮台山茗　王思任 ………………… 483

1174. 若聽茶聲　魏學洢 ………………… 483

1175. 中峰茶　馮夢禎 …………………… 483

1176. 茶屋記　貝瓊 ……………………… 484

1177. 人心有真境　洪應明 ……………… 484

1178. 名茶美酒，自有真味　陳繼儒 …… 485

1179. 好茶用以滌煩　陳繼儒 …………… 485

1180. 獨坐丹房，瀟然無事，烹茶一壺
　　　陳繼儒 ……………………………… 485

1181. 茶鐺初熟，酒甕乍開　陳繼儒 …… 485

1182. 茶不甚精，壺亦不燥　陳繼儒 …… 486

1183. 聽琴玩鶴，焚香煮茶　陳繼儒 …… 486

1184. 焚香煮茗，把酒吟詩，不許胸中生冰炭
　　　陳繼儒 ……………………………… 486

1185. 餉時而起，則啜苦茗　陳繼儒 …… 486

1186. 焚香煮茗，閱偈翻經　陳繼儒 …… 487

1187. 三月茶筍初肥，梅風未困　陳繼儒‥‥‥‥ 487

1188. 茶欲白，欲重，欲新　陳繼儒 ‥‥‥‥‥ 487

1189. 採茶，藏茶，烹茶　陳繼儒 ‥‥‥‥‥‥ 487

1190. 茶見日而味奪　陳繼儒 ‥‥‥‥‥‥‥‥ 487

1191. 夜寒坐小室中　陳繼儒 ‥‥‥‥‥‥‥‥ 488

1192. 穀雨前後　陳繼儒 ‥‥‥‥‥‥‥‥‥‥ 488

1193. 殆非塵中物也　陳繼儒 ‥‥‥‥‥‥‥‥ 488

1194. 茅屋三間，木榻一枕　陳繼儒 ‥‥‥‥‥ 488

1195. 山居之樂　陳繼儒 ‥‥‥‥‥‥‥‥‥‥ 488

1196. 酒固道廣，茶亦德素　陳繼儒 ‥‥‥‥‥ 489

1197. 命酒呼茶　陳繼儒 ‥‥‥‥‥‥‥‥‥‥ 489

1198. 今世且有焚香啜茗，清涼在口，塵俗
在心　陳繼儒 ‥‥‥‥‥‥‥‥‥‥‥‥ 489

1199. 茶令人爽　陳繼儒 ‥‥‥‥‥‥‥‥‥‥ 489

1200. 吾齋之中，不尚虛禮　陳繼儒 ‥‥‥‥‥ 490

1201. 雪宜茶聲　陳繼儒 ‥‥‥‥‥‥‥‥‥‥ 490

1202. 雲林性嗜茶　陳繼儒 ‥‥‥‥‥‥‥‥‥ 490

1203. 如此相逢，逾於知己　陳繼儒 ‥‥‥‥‥ 490

1204. 煎茶非漫浪　陳繼儒 ‥‥‥‥‥‥‥‥‥ 491

1205. 松軒竹塢，酒甕茶鐺　陳繼儒 ‥‥‥‥‥ 491

1206. 皆聲之至清　陳繼儒 ‥‥‥‥‥‥‥‥‥ 491

1207. 以破孤岑　陳繼儒 ‥‥‥‥‥‥‥‥‥‥ 491

1208. 旦起理花，午窗剪茶　陳繼儒 ‥‥‥‥‥ 491

1209. 三生石談月　高濂 ‥‥‥‥‥‥‥‥‥‥ 492

1210. 石井記　費元錄 ‥‥‥‥‥‥‥‥‥‥‥ 492

1211. 不知身在囂塵中也　曹學佺 ‥‥‥‥‥‥ 493

1212. 茶坡卷後　王世貞 ‥‥‥‥‥‥‥‥‥‥ 493

1213. 沈石田虎丘圖　王世貞 ‥‥‥‥‥‥‥‥ 493

1214. 無思而無不通　王心齋 ‥‥‥‥‥‥‥‥ 494

1215. 學問須要平易近情，不可著手太重
羅近溪 ‥‥‥‥‥‥‥‥‥‥‥‥‥‥‥ 494

1216. 遊銀山記　李元陽 ‥‥‥‥‥‥‥‥‥‥ 497

1217. 禊泉　張岱 ‥‥‥‥‥‥‥‥‥‥‥‥‥ 498

1218. 蘭雪茶　張岱 ‥‥‥‥‥‥‥‥‥‥‥‥ 498

1219. 露兄　張岱 ‥‥‥‥‥‥‥‥‥‥‥‥‥ 499

1220. 蓮花茶　倪瓚、屠隆、王韜、沈復 ……… 499

1221. 唐寅事茗圖　張照 ……………………… 500

1222. 一僧一鶴，一童子煮茗　錢謙益 …… 501

1223. 蟾宮吸月亭　馮達道 …………………… 502

1224. 人法皆空，心自休也　張鍾秀 ……… 502

1225. 天語成讖　袁枚 ………………………… 502

1226. 才女佳句　袁枚 ………………………… 503

1227. 題汪近人煎茶圖　厲鶚 ………………… 503

1228. 吃茶　周作人 …………………………… 504

1229. 喝茶　魯迅 ……………………………… 506

1230. 中國人的茶壺　林語堂 ………………… 507

第五編　茶聯禪句 …………………………… 509

1231. 芳茶冠六清 ……………………………… 509

1232. 山中習靜觀朝槿 ………………………… 509

1233. 茶為滌煩子 ……………………………… 509

1234. 一甌解卻山中醉 ………………………… 509

1235. 黃金碾畔綠塵飛 ………………………… 510

1236. 小石冷泉留翠味 ………………………… 510

1237. 春煙寺院敲茶鼓 ………………………… 510

1238. 潞公煎茶學西蜀 ………………………… 510

1239. 磨成不敢付僮僕 ………………………… 510

1240. 坐客皆可人 ……………………………… 510

1241. 烹茶可供西天佛 ………………………… 511

1242. 蜀土茶稱聖 ……………………………… 511

1243. 拂石雲離帚 ……………………………… 511

1244. 青燈耿窗戶 ……………………………… 511

1245. 茶映盞毫新乳上 ………………………… 511

1246. 寒澗挹泉供試墨 ………………………… 511

1247. 更作茶甌清絕夢 ………………………… 512

1248. 寒泉自換菖蒲水 ………………………… 512

1249. 茶鼓適敲靈鷲院 ………………………… 512

1250. 事簡茶香 ………………………………… 512

1251. 平生於物之無取 ………………………… 512

1252. 味為甘露勝醍醐 ………………………… 512

1253. 茶甘酒美汲雙井 ………………………… 513

1254. 蟹豪留客飯 ························· 513

1255. 春風解惱詩人鼻 ················· 513

1256. 閒院自煎茶，蓮花妙享清涼福········ 513

1257. 石徑過雲樓鶴冷 ················· 513

1258. 茶鼎夜烹千古雪 ················· 513

1259. 玉杵和雲春素月 ················· 514

1260. 詩床竹雨涼 ····················· 514

1261. 乘興詩人棹 ····················· 514

1262. 舌底朝朝茶味 ··················· 514

1263. 臥雲歌酒德 ····················· 514

1264. 竹灶煙輕香不變 ················· 514

1265. 揀茶為款同心友 ················· 515

1266. 小橋小店沽酒 ··················· 515

1267. 春風修禊憶江南 ················· 515

1268. 寒燈新茗月同煎 ················· 515

1269. 方床睡起茶煙細 ················· 515

1270. 青箬小壺冰共裹 ················· 515

1271. 草堂幽事許誰分 ················· 516

1272. 泠然一啜煩襟滌 ················· 516

1273. 碧碗茶香清瀹乳 ················· 516

1274. 加起炊茶灶 ····················· 516

1275. 花溝安釣艇 ····················· 516

1276. 寂寞南山下 ····················· 516

1277. 道人家住中峰上 ················· 517

1278. 待到春風二三月 ················· 517

1279. 一碗午茶鏖醉北 ················· 517

1280. 山雲茶屋暖 ····················· 517

1281. 損之又損，栽花種竹，僅交還烏有先生
　　 ······························· 517

1282. 茶不求精而壺也不燥 ············· 517

1283. 千載奇逢，無如好書良友 ········· 518

1284. 閒烹山茗聽瓶聲，爐內識陰陽之理···· 518

1285. 席擁飛花落絮，坐林中錦繡團裀······ 518

1286. 風階拾葉，山人茶灶勞薪 ········· 518

1287. 臨風弄笛，欄杆上桂影一輪 ······· 518

1288. 雲水中載酒，松篁裏煎茶，豈必鑾坡
　　　　侍宴 ……………………………………… 518

1289. 問婦索釀，甕有新篘 ………………… 519

1290. 竹風一陣，飄颺茶灶疏煙 …………… 519

1291. 茅齊獨坐茶頻煮，七碗後，氣爽神清 · 519

1292. 帶雨有時種竹，關門無事鋤花 ……… 519

1293. 翠竹碧梧，高僧對奕 ………………… 519

1294. 編茅為屋，疊石為階，何處風塵可到 · 519

1295. 淨几明窗 ………………………………… 520

1296. 蕭齋香爐書史，酒器俱捐 …………… 520

1297. 半輪新月數竿竹 ……………………… 520

1298. 客到茶煙起竹下，何嫌展破蒼苔 …… 520

1299. 紙帳梅花，休驚他三春清夢 ………… 520

1300. 茶取色臭俱佳，行家偏嫌味苦 ……… 520

1301. 掃石烹泉，舌底朝朝茶味 …………… 521

1302. 溪畔輕風，沙汀印月，獨往閒行，嘗喜
　　　　見漁家笑傲 ……………………………… 521

1303. 一勺水，便具四海水味，世法不必盡嘗
　　　　 …………………………………………… 521

1304. 則何益矣，茗戰有如酒兵 …………… 521

1305. 窗外梅開，喜有騷人弄笛 …………… 521

1306. 雙杵茶煙，具載陸君之灶 …………… 521

1307. 春來新筍，細可供茶 ………………… 522

1308. 茅屋竹窗，一榻清風邀客 …………… 522

1309. 明窗淨几，好香苦茗，有時與高衲談禪
　　　　 …………………………………………… 522

1310. 竹雨松風琴韻 ………………………… 522

1311. 門開紅葉林間寺 ……………………… 522

1312. 綠樹陰陰人跡少 ……………………… 522

1313. 潤畦舒茶甲 …………………………… 523

1314. 揀茶為款同心友 ……………………… 523

1315. 氷冷酒，一點水，兩點水，三點水 … 523

1316. 楓溪梅雨山樓醉 ……………………… 523

1317. 試院煎茶並飲甘泉一勺水 …………… 523

1318. 坐，請坐，請上坐 …………………… 523

1319. 從來名士能評水 …………………… 524

1320. 白菜青鹽糝子飯 …………………… 524

1321. 墨蘭數枝宣德紙 …………………… 524

1322. 雷文古泉八九個 …………………… 524

1323. 楚尾吳頭，一片青山入座 ………… 524

1324. 山光撲面因朝雨 …………………… 524

1325. 仙蹤桃熟尋楊子 …………………… 525

1326. 待到春風二三月 …………………… 525

1327. 山僧許我移茶社 …………………… 525

1328. 琴譜茶經，輪換風雅 ……………… 525

1329. 春茗半甌高士坐 …………………… 525

1330. 功名富貴總由天，即漁水樵山，亦算一
生事業 ……………………………… 525

1331. 靜坐一杯茶，聞得天香，便是與眾生
說法 ………………………………… 526

1332. 酒伴詩緣，虛庭待月 ……………… 526

1333. 公論一杯茶，省多少風雲雷雨 …… 526

1334. 天地與我無情，已安排茗碗棋秤，酒瓢
詩架 ………………………………… 526

1335. 酒醉金剛，和尚煎茶道士灌 ……… 526

1336. 好容易結得佛家緣，兜兩袖春風，大
喝三聲，倏爾六根皆淨 …………… 526

1337. 古墨半濃評硯譜 …………………… 526

1338. 濟入茶水行方便 …………………… 527

1339. 烹調味盡東南美 …………………… 527

1340. 此地有茶山茶水茶風茶月，更兼有茶
事茶人，添千秋茶話 ……………… 527

1341. 塵濾一時淨 ………………………… 527

1342. 舊雨集名園，風前煎茗，琴酒留題，諸
公回望燕雲，應喜清流同茂苑 …… 527

1343. 酒後高歌，聽一曲鐵板銅琶，唱大江
東去 ………………………………… 528

1344. 紅綠杯中，邀來天外千秋月 ……… 528

1345. 春共山中採 ………………………… 528

1346. 石鼎煎香，俗腸盡洗 ……………… 528

1347. 陸羽普經，盧仝解渴 ………………… 528

1348. 掃雪應憑陶學士 ……………………… 528

1349. 採向雨前，烹宜竹裏 ………………… 529

1350. 風流茶說合 …………………………… 529

1351. 閒是閒非休要管 ……………………… 529

1352. 茶香高山雲霧質 ……………………… 529

1353. 雀舌未經三月雨 ……………………… 529

1354. 如此湖山歸得去 ……………………… 529

1355. 蘭芽雀舌今之貴 ……………………… 530

1356. 清泉烹雀舌 …………………………… 530

1357. 掃來竹葉烹茶葉 ……………………… 530

1358. 香生玉茗春三月 ……………………… 530

1359. 若教陸羽持公論 ……………………… 530

1360. 紫霧弄蓮影 …………………………… 530

1361. 剪取吳淞半江水 ……………………… 531

1362. 西天紫竹千年翠 ……………………… 531

1363. 陸羽泉中水 …………………………… 531

1364. 茶是蒙山好 …………………………… 531

1365. 茶苑重開，撫景歌一泓春水 ………… 531

1366. 大碗茶廣交九洲賓客 ………………… 531

1367. 三楚遠來肩且息 ……………………… 532

1368. 小天地，大場合，讓我一席 ………… 532

1369. 幽借山頭雲霧質 ……………………… 532

1370. 奇乎？不奇，不奇亦奇 ……………… 532

1371. 入寺參孤衲 …………………………… 532

1372. 匝地茶香，杯舉天池，願黎民洗心覺悟
………………………………………… 532

1373. 竹露松風蕉雨 ………………………… 533

1374. 托缽僧回，信剪湖雲縫破衲 ………… 533

1375. 山猿借缽藏新果 ……………………… 533

1376. 春夢慣迷人，一品朝衣，誤了九環仙骨
………………………………………… 533

1377. 登閣憑欄，一樹紅茶遮古寺 ………… 533

1378. 雞籠雨，鵝鼻月，鹿耳湖，看他萬象森
嚴，無非大覺真心現 ………………… 533

1379. 禪榻閒眠，穀雨新茶留客坐 …………… 534
1380. 禪榻常閒，看嫋嫋茶煙隨落花風去 … 534
1381. 雲水漫匆匆，半日閒談僧院竹 ……… 534
1382. 萬壑松風，一簾花雨 …………………… 534
1383. 松閣頻招溪上月 ………………………… 534
1384. 玉甌引泉清住客 ………………………… 534
1385. 隨手烹茗化白鶴 ………………………… 535
1386. 分道揚鑣姑駐馬 ………………………… 535
1387. 來為利，去為名，百年歲月無多，到此
     且留片刻 …………………………………… 535
1388. 僧入碧岩參佛果 ………………………… 535
1389. 買絲客去休澆酒 ………………………… 535
1390. 一掬甘泉，好把清涼洗熱客 ………… 535
1391. 後會有期，此後莫忘今日語 ………… 536
1392. 茶亦醉人何必酒 ………………………… 536
1393. 鹿鳴飲宴，迎我佳客 ………………… 536
1394. 品泉茶三口白水 ………………………… 536
1395. 邂逅相逢，坐片刻不分你我 ………… 536
1396. 茶可清心 ………………………………… 536
1397. 最宜茶夢同圓，海上壺天容小隱 …… 537
1398. 一日無茶則滯 …………………………… 537
1399. 樓外是五百里嘉陵，非道子一筆劃不出
     …………………………………………………… 537
1400. 泉從石出情宜冽 ………………………… 537
1401. 好事不容易做，大包不容易賣，針鼻
     鐵，薄利只憑微中削 ………………… 537
1402. 陶潛善飲，易牙善烹，飲烹有度…… 537
1403. 小住為佳，且吃了趙州茶去 ………… 538
1404. 一鑒澄潭，暮暮朝朝，唯雲景天光山色
     留連不去 ………………………………… 538
1405. 入座煮龍團，去天尺五 ……………… 538
1406. 海上掃狂鯨，金甌無缺 ……………… 538
1407. 紅透夕陽，如趁餘輝停馬足 ………… 538
1408. 山好好，水好好，開門一笑無煩惱 … 538
1409. 何須調水置符，蘇髯竹筒 …………… 539

1410. 詩寫梅花月 ……………………………… 539

1411. 水汲龍腦液 ……………………………… 539

1412. 入座煮龍團，去天五尺 ……………… 539

1413. 西天紫竹千年翠 ………………………… 539

1414. 試第二泉，且對明亭黯竇 …………… 539

1415. 溪邊奇茗冠天下 ………………………… 540

1416. 認春軒內一杯茶 ………………………… 540

1417. 處處通途，何去何從，求兩餐，分清
　　　邪正 …………………………………… 540

1418. 得與天下同其樂 ………………………… 540

1419. 汲來江水烹新茗 ………………………… 540

1420. 花箋茗碗香千載 ………………………… 540

1421. 座畔花香留客飲 ………………………… 541

1422. 欲把西湖比西子 ………………………… 541

1423. 何必動口便云禪，且自吃當家茶飯 … 541

1424. 古寺聳雲天，松浪如濤歌浩氣 ……… 541

1425. 名茶之中是珍品 ………………………… 541

1426. 忙什麼？喝我這雀舌茶，百文一碗 … 541

1427. 山好好，水好好，開門一笑無煩惱 … 542

1428. 寶鼎茶閒煙尚綠 ………………………… 542

1429. 靈蘊於心，慧藏於眼，不說法，不看經，
　　　不傳衣缽 ……………………………… 542

1430. 天下幾人閒，問杯茗待誰，消磨半日 · 542

1431. 識得此中滋味 …………………………… 542

1432. 這上頭酌酒好，飲茶好，當戲臺亦好，
　　　一旦好時誰不呼好好好 ……………… 542

1433. 茶煙乍起，鶴夢未醒，此中得少佳趣 · 543

1434. 明窗啜茗時，半日閒，三日忙，須勘破
　　　庭前竹影 ……………………………… 543

1435. 斗酒恣歡，方向騷人正妙述 ………… 543

1436. 南南北北，總須歷此關頭 …………… 543

1437. 品茶論道焚松果 ………………………… 543

1438. 色到濃時方近苦 ………………………… 543

1439. 兀兀醉翁情，欲借斗杓共酌杯 ……… 544

1440. 四大皆空，坐片刻不分你我 ………… 544

1441. 心隨流水去 …………………………………… 544

1442. 繞屋青山，隔江水樹 …………………… 544

1443. 半壁山房待明月 ………………………… 544

1444. 空襲無常，貴客茶資先付 …………… 544

1445. 秀萃明湖，遊目客來過溪處 ………… 545

1446. 入山無處不飛翠 ………………………… 545

1447. 雪芽芳香孝匀生 ………………………… 545

1448. 送水送茶，熱情備至 ………………… 545

1449. 凝成雲霧頂 ……………………………… 545

1450. 秋夜涼風夏時雨 ………………………… 545

1451. 難怪西山春茶好 ………………………… 546

1452. 樣迷魚鱗碎 ……………………………… 546

1453. 綠叢遍山野 ……………………………… 546

1454. 陸羽搖頭去 ……………………………… 546

1455. 淡中有味茶偏好 ………………………… 546

1456. 陸羽閒說常品茗 ………………………… 546

1457. 揚子江中水 ……………………………… 547

1458. 瑞草抽芽分雀舌 ………………………… 547

1459. 酒醉英雄漢 ……………………………… 547

1460. 賣茶客渡回風嶺 ………………………… 547

1461. 綠甲蟬膏泛 ……………………………… 547

1462. 水流清影通茶灶 ………………………… 547

1463. 莫惜更長濁短 …………………………… 548

1464. 舌本芳頻漱 ……………………………… 548

1465. 瓦罐煎茶燒樹葉 ………………………… 548

1466. 洞庭碧螺春 ……………………………… 548

1467. 洞庭帝子春長恨 ………………………… 548

1468. 瀹泉嘗玉茗 ……………………………… 548

1469. 毛尖香溢，從來生機在當下 ………… 549

1470. 兼然幽興處 ……………………………… 549

1471. 佳餚無肉亦可 …………………………… 549

1472. 琴裏知聞唯綠水 ………………………… 549

1473. 十載許句留，與西湖有緣，乃嘗此水 · 549

1474. 陽羨春茶瑤草碧 ………………………… 549

1475. 飲茶思源，何曾望極 ………………… 550

1476. 一杯茶，品人生沉浮 ⋯⋯⋯⋯⋯⋯ 550

1477. 松濤烹雪醒詩夢 ⋯⋯⋯⋯⋯⋯⋯ 550

1478. 吟詩不厭搗香茗 ⋯⋯⋯⋯⋯⋯⋯ 550

1479. 活火烹泉價增盧陸 ⋯⋯⋯⋯⋯⋯ 550

1480. 陽羨春茶杯杯好 ⋯⋯⋯⋯⋯⋯⋯ 550

1481. 酒醇，飯香，茶濃 ⋯⋯⋯⋯⋯⋯ 551

1482. 清源山泉流芳韻 ⋯⋯⋯⋯⋯⋯⋯ 551

1483. 玉碗光含仙掌露 ⋯⋯⋯⋯⋯⋯⋯ 551

1484. 趣言能適意，茶品可清心 ⋯⋯ 551

1485. 歇一歇消消暑氣 ⋯⋯⋯⋯⋯⋯⋯ 551

1486. 花間渴想相如露 ⋯⋯⋯⋯⋯⋯⋯ 551

1487. 南峰紫筍來仙品 ⋯⋯⋯⋯⋯⋯⋯ 552

1488. 細品清香趣更清 ⋯⋯⋯⋯⋯⋯⋯ 552

1489. 製出月華圓若鏡 ⋯⋯⋯⋯⋯⋯⋯ 552

1490. 薰心只覺濃如酒 ⋯⋯⋯⋯⋯⋯⋯ 552

1491. 酒後茶餘香聞蘭蕙 ⋯⋯⋯⋯⋯⋯ 552

1492. 龍井茶香飄宇高 ⋯⋯⋯⋯⋯⋯⋯ 552

1493. 嫩色新香盡堪療渴 ⋯⋯⋯⋯⋯⋯ 553

1494. 龍泊雨前，茶香自有名家品 ⋯⋯ 553

1495. 為愛清香頻入座 ⋯⋯⋯⋯⋯⋯⋯ 553

1496. 龍飲四海，味難及我店中一葉 ⋯⋯ 553

1497. 閒來品茗入龍軒 ⋯⋯⋯⋯⋯⋯⋯ 553

1498. 清心三泡茶，始知名利淡 ⋯⋯⋯ 553

1499. 客至心常熱 ⋯⋯⋯⋯⋯⋯⋯⋯⋯ 554

1500. 玉盞霞生液 ⋯⋯⋯⋯⋯⋯⋯⋯⋯ 554

1501. 來不請，去不辭，無束無拘方便地 ⋯ 554

1502. 武夷春暖月初圓 ⋯⋯⋯⋯⋯⋯⋯ 554

1503. 燒惠山泉，座上佳賓邀陸羽 ⋯⋯⋯ 554

1504. 為善讀書是安樂法 ⋯⋯⋯⋯⋯⋯ 554

1505. 新安人傑地靈，傳古閣牌坊，一曲徽腔
成絕響 ⋯⋯⋯⋯⋯⋯⋯⋯⋯⋯⋯ 555

1506. 巧剜明月染春水 ⋯⋯⋯⋯⋯⋯⋯ 555

1507. 聆妙曲，品佳茗，金盤盛甘露，縹緲人
間仙境 ⋯⋯⋯⋯⋯⋯⋯⋯⋯⋯⋯ 555

1508. 小徑山茶綠 ⋯⋯⋯⋯⋯⋯⋯⋯⋯ 555

1509. 泉香好解相如渴⋯⋯⋯⋯⋯⋯ 555

1510. 山靜無音水自喻⋯⋯⋯⋯⋯⋯ 555

1511. 青山似欲留人住⋯⋯⋯⋯⋯⋯ 556

1512. 半榻夢剛回，活火初煎新潤水⋯⋯⋯ 556

1513. 世間重擔實難挑，菱角凹中，也好息肩
　　　聊坐凳⋯⋯⋯⋯⋯⋯⋯⋯⋯ 556

1514. 飲茶思源，何曾望極⋯⋯⋯⋯⋯ 556

1515. 翠葉煙騰冰碗碧⋯⋯⋯⋯⋯⋯ 556

1516. 此地千古茶國⋯⋯⋯⋯⋯⋯⋯ 556

1517. 壺在心中天在壺⋯⋯⋯⋯⋯⋯ 557

1518. 鹿鳴飲宴，迎我佳客⋯⋯⋯⋯⋯ 557

1519. 茶字草木人人茶茶人⋯⋯⋯⋯⋯ 557

1520. 官為七品不如一壺可品⋯⋯⋯⋯ 557

1521. 來路可數，歇一刻知味⋯⋯⋯⋯ 557

1522. 沽酒客來風亦醉⋯⋯⋯⋯⋯⋯ 557

1523. 松風煮茗⋯⋯⋯⋯⋯⋯⋯⋯ 558

1524. 龍團雀舌香自幽谷⋯⋯⋯⋯⋯ 558

1525. 客到座中宜數碗⋯⋯⋯⋯⋯⋯ 558

1526. 千樹梨花幾壺茶⋯⋯⋯⋯⋯⋯ 558

1527. 名苑清風仙曲妙⋯⋯⋯⋯⋯⋯ 558

1528. 只緣清香成清趣⋯⋯⋯⋯⋯⋯ 558

1529. 人上人製茶中茶，山外山出味中味⋯⋯ 559

1530. 鶴銜井中水⋯⋯⋯⋯⋯⋯⋯ 559

1531. 樂香幾縷，會友談心精神爽⋯⋯⋯ 559

1532. 攀桂天高，億八百孤寒，到此莫忘修
　　　士苦⋯⋯⋯⋯⋯⋯⋯⋯⋯⋯ 559

1533. 美酒千杯難成知己⋯⋯⋯⋯⋯ 559

1534. 甘泉天際流⋯⋯⋯⋯⋯⋯⋯ 559

1535. 茶筍盡禪味⋯⋯⋯⋯⋯⋯⋯ 560

1536. 若能杯水如名淡⋯⋯⋯⋯⋯⋯ 560

1537. 最宜茶夢同圓⋯⋯⋯⋯⋯⋯⋯ 560

1538. 春滿山中，採得新芽供客飲⋯⋯⋯ 560

1539. 清泉流芳韻⋯⋯⋯⋯⋯⋯⋯ 560

1540. 胸中有幾千年歷史⋯⋯⋯⋯⋯ 560

1541. 柳井有泉好作飲⋯⋯⋯⋯⋯⋯ 561

1542. 鴻雁賀喜銜柳枝 ⋯⋯⋯⋯⋯⋯⋯⋯⋯ 561

1543. 借得梅上雪 ⋯⋯⋯⋯⋯⋯⋯⋯⋯⋯ 561

1544. 淡飯粗茶有真味 ⋯⋯⋯⋯⋯⋯⋯⋯ 561

1545. 鐵石梅花氣概 ⋯⋯⋯⋯⋯⋯⋯⋯⋯ 561

1546. 青山起新居 ⋯⋯⋯⋯⋯⋯⋯⋯⋯⋯ 561

1547. 尋味君子知味來 ⋯⋯⋯⋯⋯⋯⋯⋯ 562

1548. 碧泉湧出山腹事 ⋯⋯⋯⋯⋯⋯⋯⋯ 562

1549. 淡酒邀明月 ⋯⋯⋯⋯⋯⋯⋯⋯⋯⋯ 562

1550. 茗苑寄來，曾憐黔婁夢白 ⋯⋯⋯⋯ 562

1551. 茶煮三江水柔情似水 ⋯⋯⋯⋯⋯⋯ 562

1552. 愛詩愛文愛畫 ⋯⋯⋯⋯⋯⋯⋯⋯⋯ 562

1553. 飯熱茶熱八方客常暖 ⋯⋯⋯⋯⋯⋯ 563

1554. 樵歌已向平橋度 ⋯⋯⋯⋯⋯⋯⋯⋯ 563

1555. 獨腳茶聯 ⋯⋯⋯⋯⋯⋯⋯⋯⋯⋯⋯ 563

1556. 幽人採摘日當午 ⋯⋯⋯⋯⋯⋯⋯⋯ 563

1557. 竹蔭遮幾琴易韻 ⋯⋯⋯⋯⋯⋯⋯⋯ 563

1558. 為名忙，為利忙，忙裏偷閒，且喝一杯
茶去 ⋯⋯⋯⋯⋯⋯⋯⋯⋯⋯⋯⋯⋯ 563

1559. 從哪裏來，忙碌碌帶身塵土 ⋯⋯⋯ 564

1560. 龍井雲霧毛尖瓜片碧螺春 ⋯⋯⋯⋯ 564

1561. 吟詩不厭搗香茗 ⋯⋯⋯⋯⋯⋯⋯⋯ 564

1562. 人間何處是仙境 ⋯⋯⋯⋯⋯⋯⋯⋯ 564

1563. 暮藹盡收，放明月滿輪，但聽卻無絲
響過 ⋯⋯⋯⋯⋯⋯⋯⋯⋯⋯⋯⋯⋯ 564

1564. 莫道醉人唯美酒 ⋯⋯⋯⋯⋯⋯⋯⋯ 564

1565. 夜掃寒英煮綠塵 ⋯⋯⋯⋯⋯⋯⋯⋯ 565

1566. 香分花上露 ⋯⋯⋯⋯⋯⋯⋯⋯⋯⋯ 565

1567. 九曲夷山採雀舌 ⋯⋯⋯⋯⋯⋯⋯⋯ 565

1568. 把茶冷眼看紅塵 ⋯⋯⋯⋯⋯⋯⋯⋯ 565

1569. 一壺茗香觀人生沉浮 ⋯⋯⋯⋯⋯⋯ 565

1570. 一簾春影雲拖地 ⋯⋯⋯⋯⋯⋯⋯⋯ 565

1571. 聽泉樹下酒無味 ⋯⋯⋯⋯⋯⋯⋯⋯ 566

1572. 一勺勵清心，酌水誰含出世想 ⋯⋯ 566

1573. 一卷經文，茗霖溪邊真慧業 ⋯⋯⋯ 566

1574. 若非離欲，絕品茶也無自性 ⋯⋯⋯ 566

1575. 禪茶乃名言，巧立名言最欺心………… 566

1576. 酌情少吃些茶，當知陰寒早深藏……… 566

1577. 身世脫空兩相忘…………………………… 567

1578. 三千紅塵，一盞茶可託付多少………… 567

1579. 空山啜古意 ……………………………… 567

1580. 有事做事，無事忘空，何更來身心病困
……………………………………………… 567

1581. 茶爐煮禪趣，盞前言行盡優雅………… 567

1582. 禪手菩提，鐵爐響，漫溫養 ………… 567

1583. 夜靜茶爐響，自見心肝脾肺腎………… 568

1584. 禪茶要妙，唯以自性流動，不拘內外
塵縷 ……………………………………… 568

1585. 一天酬對，獨飲亦奇，空飄飄似無著處
……………………………………………… 568

1586. 拈花旨付錦襴衣，飲光閉關等慈氏…… 568

1587. 禪有證見未證見，忌將禪泛用世間是
非物事 …………………………………… 568

1588. 黑白棋局松風不動 ……………………… 568

1589. 吃茶清心固為要………………………… 569

1590. 動說茶經茶道，敢疑鴻漸玉川人格否· 569

1591. 寂坐茶臺，造病因緣如實現 ………… 569

1592. 吃茶吃出個我，不吃茶時我何在……… 569

1593. 體貼通泰，何故效顰盧全七碗………… 569

1594. 身口意時刻吞吐，吃茶人不吃茶……… 569

1595. 中秋賞明月，何人不被明月賞………… 570

1596. 茶道無可道，強說即不是 …………… 570

1597. 祖師禪髓活古鏡，寂照十法界………… 570

1598. 不聞盧樵吃茶去 ………………………… 570

1599. 緣聚緣散，誰欠誰還，一盞清風徹洗遍
……………………………………………… 570

1600. 孤旅域外，攝心一路好冥想 ………… 570

參考文獻 …………………………………………… 571

後　記 ……………………………………………… 589

緒論：禪茶的生命價值

一、初說禪茶藝文

十餘年前，溪聲外，三五人，山家土茶舊水壺；半晌後，居然遍地清涼，懶洋洋忘乎身心。於是更愈喜歡上了茶飲，也開始有意收集、探究相關禪茶文獻。初衷是摘編一冊茶桌案頭的閒散讀物，就如茶湯長味一般，澆灌心田。但做著做著，所得已不再是一本小書可以容納，便順勢而為，慢悠悠地繼續吟弄玩錄去。眼前這《禪茶藝文錄》，實僅為近年摘編之一葉。禪茶藝文，此處特指禪茶文學藝術形式，諸如詩詞歌賦楹聯等。在浩渺文化史中，其形既散且隱，數量卻極為龐大，尤須提及的，是其中飽含歷代禪人茶者的生活態度、生命行跡。本人輯錄此書，除了直接的學術研究，更為尋求與古今禪茶諸家的某種內在對話，從而延伸至生命的自我省思與純粹蘊養。故而書中所錄，也多選取能體現上述境趣者。成稿計 1600 目，而根據不同的藝文題材、特質，所輯又粗分為僧人茶詩、文士茶詩、禪茶詞曲、性靈茶語、茶聯禪句五編。

第一編，僧人茶詩。傳承禪文化的主體分為僧俗二支，而僧人又是最直觀的「職業禪者」，故其茶詩就是禪茶的直接形態之一。中華文化中，「僧人茶詩」是一個非常重要的文化範疇，而且數量至少有上萬首之巨，它證明確實有一類禪僧始終在構築禪茶理念並積極展開實踐。例如善慧、皎然、齊己、貫休、叢諗、正覺、克勤、清珙、虛雲等名僧，不但生活中隨處見茶，且誰人又沒有幾首代表性茶詩！這類茶詩，其主題與境界多在描繪某種定心不動的超然出塵和棲歇於禪的快意自足，又或是以禪茶作為體道證道的路徑、經驗。那是一種獨特的生命境域和禪家視野，也是禪茶的核心理念、永恆價值所在。

對於有心嘗試建構當代禪茶文化者，實可對之多加關注。限於書稿總體設定，此編僅擇錄 330 目約 350 餘首。其餘未錄者，擬另尋機緣再形成專題成果。

第二編，文士茶詩。文士，可狹義地理解為以實踐世俗價值為主的文人。其中，有的以儒為主而擅長禪學，如白居易、曾幾、彭孫詒；有的則直接是禪的實踐者、傳播者，如蘇軾、黃庭堅、趙汝鐩。文士茶詩，其數量較僧人茶詩更為龐大，此處僅輯錄能體現禪茶意趣者。這類茶詩，於出世入世之間自有一份獨特的生命關切。本編中，有三處特例須加以說明：其一，收入了少量道家代表人物的「禪茶詩」，例如白玉蟾、王重陽、譚處端等，以茶說禪，以道說茶。嚴格說來，他們都是通達三教的學問家。將其詩作歸錄於此，乃因本書未設定單獨的道家茶詩專題，而且此數人的茶詩又能代表道家對釋、儒的融通，實在不忍割捨。其二，曾幾《茶山集》中有茶詩數十首、彭孫貽《茗齋集》中有百餘首，均禪味濃鬱，故選錄較多。其三，特意增錄了數首本人所撰古體。成稿中，此處所收原為幾首極為出彩的當代禪茶詩，卻在出版之際因無法與作者取得聯繫而遺憾捨去，轉代之以拙作。初心乃為證明現代社會也有很多熱心於禪茶研究、實踐與抒寫的禪者茶者，且各有各的特點和視角，其茶詩讀來意趣深幽、盎然見機者也不在少數，如今僅錄拙作，難免減色，惟期待能以其餘形式再行關注、研討。這一編中，共收錄茶詩 455 目約 700 首。

實際上，禪從來就是僧俗共構的產物，禪茶也不例外。僧俗二家乃是禪在不同語境下的不同形態和靈活表達，忽視任何一方，餘者往往會陷入爭奪禪家話語權、唯我獨尊的偏執。就此而言，禪並不等同於禪宗，禪宗不過是禪的載體之一。真實的禪，是對內在生命的深度確證，是指向此生命境界的實現路徑，其核心要義是在生活、工作、修行中清醒進退，守好初心、本心。所以說，禪，與禪宗、宗教為什麼非要進行捆綁呢？禪茶，茶禪，又為什麼偏要玄乎化呢？再說，禪，作為終極的自性證境，也必須要超離人我、是非、宗派見的執持，才會如實呈現。一旦體貼禪性，便已超離是僧是俗的藩籬；或方外禪天，或熙攘世俗，不過就是自己的生命價值選擇罷了。基於此維度來理解禪，禪茶才會脫離神秘性、盲目性、教條化，從而靈動活潑起來，親切起來。也因此，文士禪茶詩更應多讀多品，它帶給我們的，又是另外一種生活視角、生命見地。

第三編，禪茶詞曲。此處禪茶詞曲合為一編。相對於詩歌，禪茶詞曲數量較少，可能是因其形式的獨特以及用於「唱」的調性，專門詠歎、吟唱禪茶

詞曲不太便於操作且受眾面過小。不過，這並不代表其數量就真的很少或質量偏低。此中所收禪茶詞曲 335 目較有代表性，而且其中也不乏精品或直接以禪視角描繪禪茶者，如宋自遜《驀山溪・自述》、黃庭堅《品令・茶詞》、馬鈺《長思仙・茶》、洪希文《阮郎歸・焙茶》。當然，此編也僅僅錄了筆者所知的一小部分。其中，一些「情味」較濃，多抒懷苦惱、情思、茶事等方面的詞曲，寫得實在精妙、雅致，且因一旦置於禪茶視野下，便見足對生命、生活、人事的關切用心，故也一併收錄。詞曲並不相同。尤其是元曲中，還有散曲、雜劇之分。雜劇篇幅過長，本書不予選錄，重點只關注散曲。而且，對於篇幅過長的散套，也僅僅擇錄其中有關於禪茶的分曲，以便和禪茶詞形成統一。

有一現象頗值得注意：禪茶詞曲所承載的個體胸襟或直接說禪道境界普遍遜於禪茶詩歌。〔註1〕考其文化根源，極有可能與相應時代心理有關。魏晉隋唐之間，禪茶詩歌普遍較為隨意、瀟脫、大氣，直逼禪的神魂，傳遞著較強的個體自信、民族自信、文化自信。而宋元明清乃至近代，除了少量透澈禪者所作外，多顯得細膩、多情、媚秀甚至空苦。其中根源大概是安史之亂後，整個中華民族的集體心理變得敏感、孱弱、創傷，那種源於本心的瀟脫光明、宏大氣象已經不復存在。詞曲文體主要興發於晚唐至宋元明清，其性格品質的形成當也與此有一定的內在關聯。品讀之餘，會發現這幾個時期的禪茶詞曲與之前的禪茶歌詩在氣象上確實有所不同。也許正因如此，歷代學者才對之關注較少。不過，對筆者而言，輯錄禪茶詞曲除了用做文獻史料參考外，還是一種整體瞭解茶文化甚至是中華集體心理意識的視角與方法，是以力盡所能加以輯錄、解讀。

第四編，性靈茶語。主要涉及有關禪茶的歌賦、散文、簡言妙論。如《茶經序》《茶錄序》《茶僧賦》《募茶疏》、陳繼儒茶語，乃至現代周作人、魯迅、林語堂論茶等，共 110 目。這類藝文在形式上更加靈活、隨性，雖不見得專以禪視角論茶，也未必出現禪茶字眼，但其用意貼近自性妙趣，善造禪境，常見人心，故單獨輯為專題，稱之為性靈茶語。

第五編，茶聯禪句。包括歷代禪茶楹聯、妙句、民諺，以及編者所撰，共370 例。此編中，「茶聯」指古今學者專門就茶而撰的禪意楹聯。「妙句」則屬茶句茶言，只是對仗未必工整，或又從某首詩詞中專門擇出。其中少部分妙句，其整體詩作實則已收錄於前編，但因其獨立使用的場景較多，而且實在

〔註1〕「普遍遜於」並不等於「絕對遜於」，有少量例外。

出彩，便也單另收錄。「民諺」為民間茶說的精彩佳句，所收數量略少。「編者撰」則是筆者閑暇所撰二十餘句。限於水平，其格律明顯不夠工整嚴謹，但因直接指向筆者近年所思考的禪茶理論建構，故也忐忑收入，略作參考。當前對茶聯禪句進行輯錄的學者並不少見，但所輯多未成規模或未公開出版，且其立足點並不是專題禪茶視角，稍顯遺憾！中華數千年文化長河中，從茶道萌興的時代算起，禪者茶者隨意出口、順手寫就的茶聯禪句必然不可計數，可惜的是絕大多數肯定因為時代更迭、聲名不茂而散軼在歷史中了。這些古今句聯，乃禪茶文化中的奇葩異草，此中所輯數百，大多也是禪韻滿滿，讀之會心，便有意收錄，以供閑暇時品談。

種種藝文，乃合為時、合為事、合為心、合為道而作，禪茶藝文往往指向生命安放之大事，值得深入探究。此專題也歷來均有學者著力關注，蓋因其帶有非常明顯的時代主體文化特徵，許多學者最喜好以各種藝文形式記錄、吟詠禪茶。但是，在當前可見的同類書稿中，似本書一般以僧人茶詩、文士茶詩、禪茶詞曲、性靈茶語、茶聯禪句之五編進行專題輯錄且貫穿以禪的，確實還是不多，原因可能是絕大多數人並未真正將之當做學術範疇或學術興趣點。也難怪，此事既繁且精，屬於用死勁，熬時間，歷久而難見其功。數年下來，本人所輯，也僅僅是略得一斑罷了。稍微欣慰處，乃是所錄多屬境味深長，能見禪性者，自己也頗樂在其中。未來幾年，本人願將之逐漸做全，做精，且蘊養茶法、文法、活法！

二、禪茶審美境趣

禪茶最直觀的藝術功能和價值維度，便是參與生命的審美建構，使禪茶從飲用的實用價值揚升到對生命、世界的美學觀照，參與者由此而得到生命境域的拓展。故而禪茶之美，是藝術之美，生命之美，道性之美。實際上，本書所錄各體藝文即是禪茶審美境趣的絕佳例證。

禪茶美學是新近的學科交叉研究視角，它尚無建立一套美學標準的意識，亦未產生相應的實踐及理論體系。但即使從一般的美學視角看，禪茶的禪趣、茶韻都令人回味無窮。由於禪的根本理念是體證生命的終極自性，禪茶自然就會從自性層面來判斷、闡述茶的美學屬性及意蘊範疇；一旦作為主體的人開解自性，一切人心便自然閒適，一切美感便自然充盈於生命。故而禪茶的審美境趣並非純粹從美學現象上考察美的境界與實質，而是凡禪茶之美，都

被置身於生命美學高度、禪宗自性深度加以觀照。換句話說，禪茶並不是去「破除」禪茶現象或與禪茶有關的美學事實，而是從禪性的本體視角來審視一切美學存在，使禪茶具有了本體論意義上的終極至美。這一點可從三個層面展開探討。

首先，禪、茶本身即審美意象。於茶而言，如西湖龍井、洞庭碧螺春、黃山毛峰、廬山雲霧、六安瓜片、君山銀針、信陽毛尖、武夷岩茶、安溪鐵觀音、祁門紅茶、普洱生熟餅、峨眉雪芽，各有一方靈氣和自然本色，連名字也被賦予了美好象徵和健康信息；及至沖泡，更是色香味變化無端，既養身，又怡情，盡是美在生活，美在眼耳鼻舌身意之所及。於禪而言，則是指透到心性本源的深層大美境域。在中國文化中，「禪」已經被賦予了身心煉養、超凡脫俗、自性生命等維度的價值含義，成為獨特的審美範疇。因此，但凡談及禪、茶，便自然呈現以兩種韻味深長的審美意象。並且，諸多茗茶產地原本就是禪文化廣為流傳之處，故而其種植、採造、收藏、品飲等環節已被深深地打上了禪的烙印，最終禪茶相互交融、彰顯，形成了別具美學屬性的禪茶產品。

其次，禪茶已成為新的藝術品類。以茶為媒介，兼又融入具有超脫、從容、深活等屬性的禪風，與禪茶相關的各種藝術形式便拓展到了更為寬廣、深密的生命領域，直接催生了禪茶藝術。

一者如茶藝。茶藝、禪茶有各自的文化系統和審美追求，卻又能在心性、禪修方面融通，特定語境下的茶藝本來就是禪茶。較為有名的茶藝有雲居禪茶、柏林禪茶、靈隱禪茶、徑山禪茶、夾山禪茶等，其中沖泡分飲等技藝往往精細得令人歎為觀止，動靜虛實之間，自成一套表達內心的炫技。又如茶藝的特殊形式「鬥茶」，更是見足心思。宋代唐庚《鬥茶記》云：

> 二三君子相與鬥茶於寄傲齋。予為取龍塘水烹之，而第其品。
> 以某為上，某次之，某閩人，其所齎宜尤高，而又次之。〔註2〕

鬥茶會中，茶者各攜得意珍藏，美泉烹啜，相互品味對比，只不過此過程已由一般的茶藝展現摻入了利害關係。心量小者，一較高下處面紅耳赤，難免心神動搖；而德行大者，得失之間，笑笑而已！由此，茶藝便自然深入到了事關人心淨治、德行煉養的禪茶品參。

〔註2〕唐庚：《鬥茶記》，見《眉山文集》卷二，《四庫全書》集部·別集類，第1124冊，第334頁。

二者如茶詩。歷代茶人禪者留下了不少精絕茶詩。這類茶詩，多是展現茶者灑脫、從容的生命證境，或是透澈、純淨的生命質地。例如善慧《行路易》云：

> 須彌芥子父，芥子須彌爺。
>
> 山海坦平地，燒冰將煮茶。〔註3〕

須彌山、芥子喻示心物之間的大小形相界限，但詩中描述的是已超越人我萬物對立，彼此相融同一，於一切處平坦無礙的通達。具體到眼前茶事上，便是無好壞揀擇心，只隨緣、詩意地燒冰煮茶。又如皎然《訪陸處士羽》：

> 太湖東西路，吳王古山前。
>
> 所思不可見，歸鴻自翩翩。
>
> 何山賞春茗？何處弄春泉？
>
> 莫是滄浪子，悠悠一釣船！〔註4〕

皎然、陸羽幾乎已成為了茶世界中超然脫俗的象徵。兩人互為知交，訪而不遇，皎然便想象陸羽乃仙山飛鴻，翩翩去來，更在天地蒼茫之間品茶煮泉，忘形歸舟。如此而展現的禪茶境界，流淌著的是飽滿純淨的生命質感，和超脫時空、任運安住的究極心量。

三者如禪茶裝置。裝置乃人心外化，如是禪心純粹，則禪茶裝置自顯現為明淨、莊嚴、清絕。例如日本禪茶鼻祖千利休常於雲山霧罩、水明樹綠之間選築茶室，本身就是天然藝術；而其布景、燒水、點茶、插花所融入的清淨簡雅，更是體現了高超的禪茶駕馭能力。又如現代社會中的禪茶文化裝潢，或富麗堂皇，或莊嚴靜穆，或簡素淡雅，諸多禪元素盡在其中，熙攘躁鬧之間，自有其求靜求雅的時代特徵。還可對比陳繼儒《小窗幽記》的裝置理念，同樣是仙風道骨，深入禪家天地：

> 淨几明窗，一軸畫，一囊琴，一隻鶴，一甌茶，一爐香，一部法帖；小園幽徑，幾叢花，幾群鳥，幾區亭，幾拳石，幾池水，幾片閒雲。〔註5〕

〔註3〕唐樓穎錄：《善慧大士語錄》卷三，《卍新續藏》第69冊，第120頁。

〔註4〕釋皎然：《杼山集》卷二，文淵閣《四庫全書》集部‧別集類，臺灣商務印書館1983年影印版，第1071冊，第793頁。

〔註5〕陳繼儒：《小窗幽記》卷五‧集素，清乾隆三十五年問心齋刊本。

諸如此類裝置，最能見禪茶審美取向。禪茶時而不拘場所，不拘茶泉品類，唯隨緣、樸實、易簡；時而又靈光晃發，非潔淨、典雅、靈動而不取。總體而言，因心化境，因境煉心，只為展現禪者茶者對茶道的極致追求，抒寫內心的富足生機！

四者如深山採茶。一直以來，各大產茶源地多將茶山規劃成一種禪意道境，如果恰有深山古茶之樹，則更是回歸古韻，禪意濃密。宋僧無文道燦的《摘茶》，便似隱約發生於其間：

> 拈一旗兮放一槍，多從枝葉上搏量。
>
> 全身入草全身出，那個師僧無寸長。〔註6〕

禪師，深山，摘茶，舉手投足古意深幽，就如揮動自家法寶，隨緣顯隱，收放旗槍！在禪家而言，種茶採茶，日常勞作罷了！但就是在此尋常事間，卻融入了禪法於時時處處觀照生命、安頓生命的即修即用理念。──誰在無心採茶？誰又在無心寂觀？

五者，同樣出神的，還有禪茶語境中因主體高度參與而創造的行為藝術。如這一茶聯云：

> 陸羽搖頭去，
>
> 盧仝拍手來。〔註7〕

當禪的修學、演用一旦介入，茗茶的本色美、人心的流動美、本性的自在美立刻生機四溢。品飲片刻，即身輕神醉，恍惚間值得陸羽盧仝風神，忍不住搖頭拍手，質樸憨活。又如皎然《飲茶歌誚崔石使君》：

> 一飲滌昏寐，情思朗爽滿天地。
>
> 再飲清我神，忽如飛雨灑輕塵。
>
> 三飲便得道，何須苦心破煩惱。〔註8〕

句中茶功禪魂，吃茶忘情，大有跨鶴乘風於天地間的逍遙暢快。身心但經禪茶澆透，便是境界，便是入神，便是輕盈解脫，所謂吃茶求道，吃茶證道，早已多餘。再如盧仝《走筆謝孟諫議寄新茶》：

> 一碗喉吻潤。
>
> 二碗破孤悶。

〔註6〕惟康編：《無文道燦禪師語錄》，《卍續藏》第69冊，第815頁。

〔註7〕民間茶聯，不知何人所撰。

〔註8〕見唐皎然《飲茶歌誚崔石使君》，此為部分取錄。

　　　三碗搜枯腸，唯有文字五千卷。

　　　四碗發輕汗，平生不平事，盡向毛孔散。

　　　五碗肌骨清。

　　　六碗通仙靈。

　　　七碗吃不得也，唯覺兩腋習習清風生。〔註9〕

　　此中幾句，更是隨意吞吐，大拙大巧，自然渾成，茶詩之極致，吃茶之極致！

　　禪茶直接成為藝術形式，可說是創造了另外一種藝術品類。其中，茶不再是單獨的渴飲物事或茶學意象，而已偏重為主體人吃茶體道、渾然忘機時的生命價值介入。

　　再次，禪茶審美發生具有特定的心性基礎。審美帶有強烈的主觀性，不瞭解或不喜好禪茶者，自然對禪茶之美無動於衷甚至還有微辭；又或雖然隨喜讚歎，但僅僅出於信仰選擇或情感偏向。這些顯然都無法歸為最終意義上的禪茶至美。在禪茶視野中，必須經歷自性的體貼和確證，立於禪性，美才不會被業力、六根、六識所過濾和欺騙，生命才會安住於自性本在的純粹、喜悅、唯實。繼之，茶才是茶本身，與人無主客分別。如此看來，邏輯上，禪茶之美至少應分為三個層面：現象美，禪意美，自性美。不過，分而為三，這只是從過程、側重點上來說。自性視野下，三維是一體三維，是一非三，不論現象美、禪意美、自性美，均是禪茶美在不同言說方式中的隨機體現。

　　有意思的是，雖然處處說禪茶之美，但禪的審美本質要求人們見美相而離美相，不拘於所見，要保任自性的清醒，——自性並沒有一種美的規定性，所謂的「美」，就是自性境域下的如實呈現罷了。具體到主體人身上，所謂大美、至美、禪茶美，也不過是安居於自性境時的生命自足感、生機感、永恆感！一般情況下，人總是憑著自己的好惡、情感來判斷美的發生和實質。例如好龍井之清雅者，往往不喜普洱之厚重，好普洱者又常會對毛峰、雲霧等百般挑剔。如此之美，雖在談禪茶，卻已失禪茶於自心之揀擇！

　　故而，禪茶確實不能僅僅侷限於具有禪宗元素、禪文化元素的茶，而還應指透到禪法的實踐及禪性的體悟。在此基礎上，才足以支撐起禪茶的理論深廣度，拆除心靈藩籬，乃至落實於自他生活，而不被自己造設出來的禪茶概念、吃茶程式和理論框架所捆綁。

〔註9〕見唐盧仝《走筆謝孟諫議寄新茶》，此為部分取錄。

此處所言，不為求各美其美之折衷，而是強調禪茶應須立足於見性證道的禪法實踐，清醒地覺見人心如何彼此分別、自迷。即此，禪茶之美才可能無所凝滯而自然顯現。故而，茶事中，無論是採茶、泡茶、飲茶，作茶歌、茶詩、茶畫等，主體人均要隨時自我反觀，隨時自我調御，盡可能安住於心空空處，如此才不會被禪茶的種種名相，準確地說是「自我意識」所障蔽，從而真正展現禪茶的本有審美內涵。

三、活用禪茶養生

禪茶養生實際就是以禪茶為語境的身心調治與養護。禪宗不否定茶的生理藥用功效，但通常認為尋常生理養生只見樹木，效用甚微，無法從根本上、全局處改變身心困擾和化解疾病發生；真正的養生，乃是從禪性的深度來進行調適、整合，建立善因，更改生命信號和程序，從而顯化出健康光明的身心狀態。此處細分二層解說。

第一層，合理看待禪茶的生理養生功效。

自茶被發現、運用的一天，養生便是其主要價值期待。從《茶經》記載的神農嘗百草中毒而以茶解之，到《本草綱目》中強調茶清熱解燥，再到現代醫學從各種微量元素含量來看待茶，無不體現了茶具有養生功效。明代蘭茂《滇南本草》在談及滇茶時說：

> 滇中茶葉，氣味甘苦，性微寒。主治下氣消食，去痰除熱，解煩渴，並解大頭瘟、天行時症。此茶之巨功，人每以其近而忽之。〔註10〕

據此醫典而言，茶當然有醫養「巨功」。茶本身確實也具有藥用功效，其中含有豐富的茶多酚、咖啡鹼、氨基酸、維生素、芳香物質、礦物質，如善用，茶實能延緩衰老、降低膽固醇、淨化血液、抵抗病毒、防癌抗癌、提神益思、美容減肥、消食除燥、護齒明目，乃至更多。有英國學者也附會說茶是「世界上最重要、效力最強的藥物」〔註11〕。而日本榮西和尚《吃茶養生記》甚至開篇便誇張地談到：

〔註10〕〔明〕蘭茂：《滇南本草》卷三。

〔註11〕〔英〕艾倫・麥克法蘭、愛麗斯・麥克法蘭：《綠色黃金：茶葉帝國》，扈喜林譯，社會科學文獻出版社，2016年，第313頁。

茶也，末代養生之仙藥，人倫延齡之妙術也。山谷生之，其地
神靈也；人倫採之，其人長命也。〔註12〕

即此拔高吃茶養生之神效，只怕再無出其右者，頗讓人懷疑榮西和尚是不是因為從密法修學的角度將茶神秘化、信仰化而失了公允。

儘管筆者覺得部分人對茶的藥用功效言過其實，但一定程度和範圍內，茶確實會起到治病養生作用。例如，具體到應對現代的「三高」諸病，茶本身就是油膩葷腥、機體雜質的剋星，飲茶能夠很好地將其分解並清理出體外。

另外，人體的主要構成本來就是碳水化合物，許多疾病都是因為沒有及時攝入水份而造成。在專門飲茶時，隨著大量水份的攝入，體內水份缺失得到補足，並隨之排出體內燥氣、廢物，自然令人身心輕盈。

再如感冒發燒等，有時候，適當的禪茶品飲，常常令經絡更加暢通，毛孔更加開放，一陣微汗過後，十有八九恢復。

不過，對待這一層面的吃茶養生還是應該稍微理性客觀。首先，茶畢竟不是藥，其藥用功能極其有限，所謂以茶治病，實際上伴隨著很多其餘環節的參與甚至是極為偶然。其次，吃茶飲水過多，反會增加身體及臟腑的負擔。再次，由於體質差異，部分人吃茶反而損壞健康。故而，對待吃茶養生，更須綜合辯證視之。

第二層，從自性禪茶的角度來煉養、潤化身心。

從整體的禪茶看，養生內涵要更為深廣。禪茶並不否認茶的生理功效，但其養生視角顯然已經指透到了本性深層。在此層面，養心而養身，養身而養心，本為一體。不但能更好地發揮禪茶的生理功效，還立足於尋常生理功效所不能到達的本性層。當然，這一目標的達到必須建立在禪修見性的基礎上。如不見性歇心，心念狂亂顛倒，身心的正常功能早就被阻塞、破壞，如何還能做到優化、養生！甚至反而還會對禪茶養生形成一種「非好即壞」的偏執。這一層含義可再展開詳談。

首先，禪茶養生的目的不在治療，而在虛化見性，本性自調、自養、自愈。如《小窗幽記》說：

〔註12〕〔日〕榮西：《吃茶養生記》，見千宗室主編《茶道古典全集》第 2 卷，株式會社淡交新社，昭和 33 年，第 4 頁。

> 茅齋獨坐茶頻煮，七碗後，氣爽神清；
>
> 竹榻斜眠書漫拋，一枕餘，心閒夢穩。〔註13〕

禪茶是從生命清理、整合、潤化的維度來審視養生的，身心一旦得到高度的放鬆、寧靜，身體自然會得到合理的調整，並且其效果常常令人驚奇。例如，禪茶群體裏經常出現這樣的「玄乎」現象：當品飲者飲到一定程度，身心放鬆安寧，常常會感覺到「茶勁」循著經絡、臟腑走，其時伴隨著的往往是一股熱流、暖感。此經驗過後，某些病灶的疼痛、滯澀等便不復存在。這是身心安靜到一定程度時，本來紊亂的生命系統得到調順，自愈系統得到修復，免疫力得到增強，故而某些病使不藥而愈。

其次，禪茶對深層病因的調順。許多現代疾病是找不到根源的，現代醫療也經常無奈於治標不治本。例如癌症，經常是切割之後，其他地方又長出來，屢屢不止；即使在醫學指標上被認為癌症已經治好，但是患過癌症者的精氣神卻遭受重創，從此給人的感覺就是病弱無力。禪茶可調養深層疾病的原因是禪根本不立足於治病，而在於深層調整，在疾病源頭化解、改造致病因緣，使之造出健康積極的身體狀態。當然，這一切都立足於患者對自身深層心理的觀照、調順。如何去調順？放空身心，深入自性層作業是其關鍵。曾有禪者講到過這種原理：

> 有志之士欲決定信入此個大事，要須將從前智慧聰明、所解所知倒底放下。令如癡兀，胸中空勞勞，百不知百不解，千休萬歇，萬歇千休。驀然從本地風光上個儻透脫，前後際斷，徹證自得契金剛正體。〔註14〕

其中談到了禪法療愈的一個關鍵環節，即「將從前智慧聰明、所解所知倒底放下。令如癡兀，胸中空勞勞，百不知百不解」。胸中空勞勞、百不知百不解並不是說像死物一樣沒了生機，而是巧用禪門參修方法將自我這臺造病永動機停歇下來。在此空化、輕盈、明澈的狀態中，自然會前後際斷，不再受顯隱「亂念」的干擾而進入了深層調整，從清淨處開始自動療愈，自動煥發生機。

據稱，現代疾病80%左右是「心因性」疾病，也即由心理造成的疾病。心理學看到了這一點，並追溯到了潛意識，但往往無法化解造病源頭。許多

〔註13〕陳繼儒：《小窗幽記》卷五‧集素，清乾隆三十五年問心齋刊本。

〔註14〕子文編：《佛果克勤禪師心要》卷上，《卍續藏》第69冊，第469頁。

研究、修持、傳播禪法者也看到了其實質，但問題依然棘手。主要原因有兩方面：一是所謂「已發現造病源頭」僅僅是一種朦朧推斷，而非清晰的認知、確定，這一結論本身即是意識思維的運作，反而是在強化心識造病，當然無法療愈；二是雖然看清造病肇因，但無法徹底空化身心，剝離業識，從而層層化解或一舉破除，所以病根仍然在堅固生長。

一直以來，佛家將病因病種歸為四百四病，其中最深層的一類便是「業積」造病。許多疾病，實際都是此業根在身體上的顯相。已經成形的業果當然不可改，但禪法指出，可以徹底照破業積之產生、運作，讓其雖有病根種子但不能發生作用。身心因此而能進入合理秩序，以內在的生機、光明，顯現以潔淨、健康的身色。所謂「禪茶深層調治」，便是以禪茶為媒介或語境，進入上述空空禪境，從根源上化除造病機制，還以健康，而非吃茶便能治病。換句話說，如果這一層面做得不夠深入，那麼禪茶療愈還是會成為一句空話。茶或者禪，說不定反會成為一種增強我執、強化病根的作用力。

再次，在禪茶語境中，有四個層次養生效果絕好：其一，在吃茶處觀茶、觀人、觀己，以此反思自我、清理自我執持。在此作為之下，尋常的業力慣性會被打斷，身心也會在一定程度上得到安寧。其二，茶飲中，有時會完全進入身心鬆弛狀態，想不起煩心瑣事，樂而忘憂，疾病便在無形中失去了生存空間。而禪茶語境，非常利於練習放鬆，深入放鬆。其三，深層的業積會在鬆弛虛化的狀態下顯現。這種時候，其實最適於看清深層病根，剎那照破出離，疾病自消。其四，當身心鬆化到更深程度，經常會自性自動，使身體上的四大不調及諸多顯隱疾病得到合理的「自調自愈」，彼時經常會發生冷熱酸痛脹麻等觸受，甚至會手之舞之足之蹈之。此後，許多舊疾頑疾常常會不復存在。上述病生、病癒之道理，還可參考智顗《修習止觀坐禪法要》中的論述：

> 行者安心修道，或四大有病，因今用觀，心息鼓擊，發動本病；或時不能善調適身心息三事，內外有所違犯，故有病患。夫坐禪之法，若能善用心者，則四百四病自然除差；若用心失所，則四百四病因之發生。是故若自行化他，應當善識病源，善知坐中內心治病方法。一旦動病，非唯行道有障，則大命慮失。」〔註15〕

〔註15〕智顗：《修習止觀坐禪法要》，《大正藏》第46冊，第471頁。

智顗所說，是典型的深觀、坐禪治病之法，但前提是「善用心」，善用心才能進入徹底空化之禪境，於深度禪境中「善識病源」，進而除四百四病。然而最須警覺的是，所謂治療效應，均是身心放鬆時的自然結果，刻意為之反而另起執著，加重病患。如果是更深一層的業病，就需要清理懺悔，深度照破。正如《修行道地經》所云：

> 吾本自謂地、水、火、風四事屬我，今諦察之，已為覺知，是為怨家骨鎖相連。所以者何？身水增減，令發寒病有百一苦，本從身出還自危己也！若使身火復有動作，則發熱疾百一之患，本從身出還復自危也！風種若起，則得風病百一之痛也！地若動者眾病皆興。是為四百四病俱起也！是四大身皆是怨仇，悉非我許誠可患厭，明者捐棄未曾貪樂。〔註16〕

意即從地水火風之因緣結合及由此而帶來的欲望來深層「諦察」諸發病因緣，並加以反思、懺悔、斷除，從而走向身心輕安。

總體而言，活用禪茶養生的核心環節不在以茶治病，也非對治疾病本身，而是立足於看清自我深層心理之「業因」，練習一切言行處心不迷昧，在此基礎上再合理營造禪茶語境，促進療癒的發生。例如，絕大多數「三高」的根本原因並非攝入油脂糖份等過多，而是心靈焦慮難安，先已破壞了身體的良性運作系統，繼而才顯現以拒絕脂肪、糖份、葷腥之病相。包括腸胃心腎等疾病，都是如此。故而，筆者一再強調，禪茶養生是建立在禪修見性、養性、用性基礎上的養生。此說並不認為生理療養低級或心靈調治高級。身心本是一體，養身得宜，心即平緩清淨，養心到位，則身安無恙。禪茶養生，是在修心見性的基礎上，以身養心，以心養身，最終身心互潤，自養自調。理解、實踐到這一層，禪茶便具有了更為深廣的操作空間。即使是生理上的禪茶養生功效，也因此被賦予了鏈接本性的高度，進而會展現出更為突出的養生療癒功能。

四、茶與禪意安居

不論吃茶、審美、養生，就最終目的看，都是為了理清生命的歸屬，禪意地安居。歷代禪家僧俗，往往能在尋常生活茶事中將這種安居演繹到極致。

〔註16〕〔印度〕僧伽羅剎撰：《修行道地經》，西晉竺法護譯，《大正藏》第 15 冊，第 209 頁。

表現之一，日常化的禪茶生活方式。言下之意，化禪茶於平實，使之成為日常生活中的尋常物事、環節。如清代憨休禪師寄茶故友時說：

> 適有僧自六安來，送茶一封，雲仙人沖社前採者。命行童以雨水烹試嘗之，味極甘馨。其質細而蒙茸，其色微而淨白，與蜀之雀舌相類。公性嗜茶，必能辨得真味。故分作二分，一分自用，一分奉公。近來懶慢報吟，不能有作，特借佛印寄東坡茶詩云：「穿雲摘盡社前春，一兩平分半與君。遇客不須容易點，點茶須是吃茶人。」
> 公當如詩意，勿為龍團稱屈也。附笑。〔註17〕

憨休禪師適得上品僧茶，據說是仙人明前所採，便分寄「能辨得真味」的故友共嘗，並且隨手借詩附寄叮囑，由是見禪茶真味於普通人事往來之間。於此，禪茶中的玄奧、抽象、繁瑣變成了日常生活中的往來隨緣。正所謂有茶吃茶，遇飯吃飯。又如陳繼儒《小窗幽記》描述的日常禪意生活：

> 翠竹碧梧，高僧對奕；
> 蒼苔紅葉，童子煎茶。〔註18〕

如此禪茶意境，簡直活進了畫圖中，無他半絲焦灼。這種禪茶式的生活，在於主體人因禪而真正實現了心靈的清淨。茶作為這一過程中的重要媒介，已經被賦予了高雅、寧靜、通禪的特殊意涵。

表現之二，將禪茶當做煉養身心的方法。禪茶一定是伴隨著一整套方法論的，只是在不同語境下其側重點不同，而且詳略不定。在當前文獻中，極少有非常細緻的方法環節，然而其核心訣竅卻仍然多處可見。試看元代洪希文《阮郎歸・焙茶》：

> 養茶火候不須忙，溫溫深蓋藏。不寒不暖要如常，酒醒聞箸香。　　除冷濕，煦春陽，茶家方法良。斯言所可得而詳，前頭道路長。〔註19〕

此詞表面上是在說溫火煮茶，不疾不徐。事實上，這時的禪茶便是禪修：一旦溫溫內照，主體常常過渡到人境俱空狀態，隨之則自性自動，溫養內外身心。這一實踐環節，其實是茶被視為禪茶、茶禪的核心原因。

〔註17〕張恂稚編：《憨休禪師敲空遺響》，《嘉興藏》第37冊，第274頁。

〔註18〕陳繼儒：《小窗幽記》卷五・集素，清乾隆三十五年問心齋刊本。

〔註19〕洪希文：《續軒渠集》，見《四庫全書》集部・別集類・金至元類。亦見於趙萬里《校輯宋金元人詞》下冊，國家圖書館出版社，2003年，第342頁。

　　表現之三，隨心安放，隨口吃茶。主體歷經種種心性調御歷練，最終歸於本性天地。此時的禪茶，內藏於深深法味、水淡茶香，外顯於不急不慮、從容安詳。清僧山暉《閒行》云：

　　　　茶香竹室旁山煙，曳杖西峰看白蓮。

　　　　莫歎五溪無淨社，經聲也自落林泉。〔註20〕

　　茶香、竹室、山煙、遠峰、溪水、經聲、林泉，人就安居於其中。這是心性純熟時的心靈調馴，自在顯現禪茶，受用禪茶。此刻，生命中只有眼前因緣的如實呈現，沒有心神動盪的干擾，一切境、一切人只屬於純粹的自身。又如宋代宋自遜《驀山溪·自述》云：

　　　　壺山居士，未老心先懶。愛學道人家，辦竹幾、蒲團茗碗。青山可買，小結屋三間，開一徑，俯清溪，修竹栽教滿。　　客來便請，隨分家常飯。若肯小留連，更薄酒，三杯兩盞，吟詩度曲，風月任招呼。身外事，不關心，自有天公管。〔註21〕

　　一片懶洋洋，隨心吃茶，隨心而活。如此，禪茶才回歸本味，圓融於日常而不被附加額外含義。這種心安從容，自浸自潤的生命狀態，正是內心圓滿富足時的自然顯化。

　　表現之四，不作分別，不執著於茶相。執著於禪茶，禪茶便成了障道因緣。雖然言必稱茶，但只有能出入有茶無茶之間，才見工夫，才見禪茶精髓。故而真正透脫的禪茶諸人，往往隨緣出入。可以喝茶：

　　　　帶雨有時種竹，關門無事鋤花；

　　　　拈筆閒刪舊句，汲泉幾試新茶。〔註22〕

　　也可以不喝茶：

　　　　相逢何必舉茶甌，已見叢林禮數周。

　　　　況是情塵都掃盡，有何心緒問端由。〔註23〕

　　甚至會：

　　　　遇飯吃飯不知是飯，遇茶吃茶不知是茶。〔註24〕

〔註20〕祖玄、宗上編錄：《山暉禪師語錄》卷九，《嘉興藏》第29冊。

〔註21〕宋自遜：《漁樵笛譜》，見趙萬里《校輯宋金元人詞》下冊，國家圖書館出版社，2003年，第1頁。

〔註22〕陳繼儒：《小窗幽記》卷五·集素，清乾隆三十五年問心齋刊本。

〔註23〕海壽：《古林清茂禪師拾遺偈頌》，《卍續藏》第71冊，第283頁。

〔註24〕紹隆等編：《圓悟佛果禪師語錄》卷第九，《大正藏》第47冊，第755頁。

慈翁老，有茶請吃茶，無茶滾水好。〔註25〕

言行舉止間，飲茶泡茶，有茶無茶，都是真味。這種時候，煩惱之事已了，返歸本源，生活隨緣而過，雖說是禪茶，卻早已不拘執於禪茶相。

諸如此類，不勝枚舉。禪茶的主要功能之一便是促進安居，展現安居。需要特別強調的是，禪意安居有其特定的禪修心理基礎，而非有意造作出來的慵懶散漫。一般意義上的禪意安居，實際是有意識地使主體停歇下來，和生活還是有對立，沒有真正做到成為生活的主人。而禪卻將這種真正的「閒情」貫穿到了生活當中——任何事都和「心閒」不矛盾。有事做事，無事做無，一旦事茶，也平淡無奇！即如鄭板橋茶聯所云：

掃來竹葉烹茶葉，

劈碎松根煮菜根。〔註26〕

這種隨緣自在，一切在冥冥之中神與道合的狀態，不是沒有意識思想，而是已經不受意識思想束縛，起心動念之間，菩提自照，業心散於無形。這一理想禪境具體化、投射於世俗生活，就有了所謂的道在日常、禪在茶中的大俗心安：無事茶人，禪意安居，如此而已！

五、禪茶回溯反思

作為概念，「禪茶」乃現代思維催生的文化品牌，之前從沒有哪一個時代將禪茶範疇獨立出來並炒作得如此火熱。在我所整理的歷代文獻中，從未看到過單獨的、系統化的禪茶論〔註27〕。但是，從前文的探討可見，唐代以降，禪茶早已傳播得極其廣泛，從理念到實踐等方面已經非常成熟，只不過不是現代標準下的禪茶。這並不是說前代禪茶算不上禪茶，而是說，歷代禪茶有其特定語境下的存在形式和概念名相，強求其等同於當代禪茶實乃削足適履，並不理性。為更加精準有效地建構當代禪茶，此處有必要對禪茶的簡要源流做一些回溯。

〔註25〕行森：《明道正覺森禪師語錄》卷九，《乾隆大藏經》第 155 冊，第 24 頁。

〔註26〕鄭板橋撰四川青城山天師洞聯。

〔註27〕日本茶道文獻中曾有名為《禪茶錄》或《茶禪同一味》者，但還是顯得相對零散，無法像《茶經》《大觀茶論》《茶錄》等茶書一樣具有體系性。而且，即使是禪茶界較為推崇的《百丈清規》《禪苑清規》，也僅僅是附帶談茶，而非專門的禪茶著作。

20 世紀以前，中國禪茶均以散性形態存在，融身於整體的茶文化中，有其實而無其名。雖然確實也有一群禪人在實踐禪茶，但卻無意建構禪茶系統。即使是頗具代表性的趙州吃茶去、百丈三轉語、博山茶等禪茶語境中，也依然未見獨立、系統的禪茶論。而且，連「佛茶」「禪茶」「茶禪」類詞彙，文獻中也極少記錄。

據目前可考材料，宋代圓悟克勤《佛果圜悟真覺禪師心要》卷下曾有「雲門便用後面高禪茶糊鶻突伊」之語。不過，其中「高禪」「茶糊」分別是兩個概念，「禪茶」二字只是偶合一起。文天祥《遊青原》詩中有「活火參禪筍，真泉透佛茶」句，亦未將「禪筍」「佛茶」表述為「禪茶」。之後，在乾隆敕編《欽定皇朝通志》卷一百二十、《欽定南巡盛典》卷十七中曾數次提到乾隆寫《茶禪詩》，題「茶禪」匾額，咸豐年間的施士潔《後蘇龕詩鈔》卷二中又有「半日茶禪品趙州」之句，才見有明確的「茶禪」名言。可知作為概念的「禪茶」「茶禪」，古時雖也有人運用，但出現頻率極低，而且也不具備如今的文化內涵。將其獨立為某種文化體系、茶道概念，乃是晚近之事。

這一現象的形成有其獨特的文化背景。宏觀而言，中國傳統文化的基本存在形態是和合一體，儒釋道等各家深度融合，禪文化也不過是儒釋道諸家文化交融創生的產物。即使不同時代出現具體的禪學、心學、道學等面目，都不曾脫離整體的中華道性文化而獨立存在，是一而多，多而一，融合內通共生的。具體而言，歷代文化傳統中，學科區分極不明顯，「學問」範疇又相對狹窄，即使是儒者、道者、禪者，多能做到兼治其餘諸家。因此禪茶的「根」並不僅僅是禪、茶，而是諸家文化融通後共同支撐起來的文化現象。故而，縱橫觀之，連整體的「中華茶道」都未獨立出來，自然也不會有當前所說的「儒茶」「禪茶」等分支。

也就是說，歷代僧俗無疑早已在運用著禪茶理念，但出於特殊的中華文化結構，他們其實是將禪茶置於整個中華道性文化背景下來展開的。即使出現禪茶、茶禪名相，也只是禪和茶兩個詞彙的偶然相遇，不會賦予其過多的茶道內涵。本書所輯錄的各種藝文資料也在說明，古代禪茶雖說行跡遍地，卻又是散融於各種文化場景而存在的。當時的禪茶，很大程度上是以禪家視角對茶進行評價、吟詠、品賞，並無現代學科意義上的獨立禪茶體系。

禪茶的「立相」轉折點發生在近代。這應從中國禪茶的外傳說起。約在唐宋之間，中國茶道經由來華日僧最澄、榮西等攜傳至日本。因其身份為僧，

茶道的表述形式更多便是佛禪面目，久而久之，日本禪茶的思維模式和名詞概念便逐漸建立。最後，中日文化界一起附會宋僧圓悟克勤書寫「禪茶一味」傳付日僧。〔註28〕似乎從這時起，禪茶便被有意識地獨立出來。

當然，若真有其事，日本僧人攜去的也遠不止此類書法茶掛，最主要還是以《茶經》為代表的茶學理論以及各地優良茶種。由此，日本僧人開始了以中國茶文化為底色的自身茶道、茶業之探索，最終形成了一套層次、條理較為清晰的日本茶道文化。並且，這套茶道系統因為由禪僧主導的緣故，禪茶已為其主要名實。

稍晚一些，朝鮮儒者、禪僧也循借日本的思路，發展建構了自身的茶道茶禮。只不過，朝鮮茶文化中，禪者、儒者的參與較為均衡或說儒者稍多，故而所形成的禪茶文化又略有不同。

由於中國本土建構的是更龐大義域上的「茶道」，自身禪茶、儒茶、茶禮等便注定不會太過清晰。而且，在晚近鴉片戰爭、新文化運動、文革等特殊手法的數次重擊下，兼之西方科技理性大舉湧入，當時及之後很長一段時間，中國絕大部分文化傳統出現斷層。故而一定程度上，中國茶道、禪茶失去了賴以依附的主要文化土壤，確實難以維繫、博興。

當近時國人逐漸意識到重建文化自信，重續傳統之根的迫切性，禪茶界也開始了建構自身的重新探索。而此時，中國茶道、禪茶已難覓其蹤，忽見日韓茶道保留著相對完整性並且發展出了自身獨創性，便又大舉反引入中國，以其為模板建構自身的茶道、禪茶文化。就我一孔之見，日韓茶道雖有其獨創性和體系性，其核心理念及要素卻多是曾經中國茶道的出口轉內銷。當然，這只是我個人的主觀愚見。我並不是想在無知自大中貶損日韓茶道，而是想

〔註28〕目前並無確切證據證明「禪茶一味」由圓悟克勤首創書寫，所謂傳付日僧珍藏奈良寺之說也被當代多位學者實際調研證明訛誤。寺中所藏，乃是圓悟克勤傳付弟子虎丘紹隆的「印可狀」，而非「禪茶一味」書作。需要說明的是，「禪茶一味」作為一個固定詞彙，很大概率是在日本產生的。曹建南《關於「茶禪一味」和圓悟克勤的墨蹟》一文認為：「千利休孫子千宗旦（1578～1658）茶語的《禪茶錄》曾被改為《宗旦遺書茶禪同一味》《茶禪同一味》等書名流佈坊間，茶禪一味的概念進一步明確。1905 年，大日本茶道學會創始人田中仙樵出版了《茶禪一味》一書，被認為是『茶禪一味』始見於文字的首例，標誌著『茶禪一味』概念的確立。」並且，此詞傳入中國約在 20 世紀30 年代，而在 80 年代前後廣為人知。（見曹建南：《關於「茶禪一味」和圓悟克勤的墨蹟》，《吃茶去》2017 年總第 67 期。）

說明，對日韓茶道，適當比較、借鑒也就罷了，卻不宜仰望和如數拿來，只有深度挖掘、續接我們的本有茶道才是建構當代禪茶的核心鎖鑰。

就當前而言，絕大部分中國學人已經意識到自己缺失的不是一整套茶道程序，而是要從文化振興、文化強國的高度來演化出自身的新茶道、新禪茶。不過，要達到此高度，只怕在考慮禪茶的現實語境之外，最根本處還是要回歸傳統，接通「傳統—現代」的一體性。筆者禪茶研究工作的展開，便是想致力於這一工程，真正結合新時期的文化復興、文化強國需求，深挖傳統，重新煥發出中國禪茶的弘大氣象。

當前中國的絕大部分禪茶，由於既未重新接通傳統血脈，從外引入的文化形態又未充分實現本土化，故而雖廣雖熱卻顯得單薄乏力。例如，文化界對禪茶的實踐、研究，也往往帶有極大的隨意性，經常出現碎片化、理想化、個我化等特徵。又如，因急於建立自己的禪茶文化品牌，便標新立異，玩弄新瓶裝舊酒，又或大量渲染禪茶的神秘性，以此增值。雖然禪茶文化應該是寬廣的、自由的、活態的，但禪茶給人的，更應該是一種良性、閒適、健康的生命觀。茶人同樣也需要在茶事、茶理中看管好自己的心靈，如實如法，圍繞著禪法的核心價值而展開作為。而今的禪茶，面臨著許多領域的重建，最核心的，便是人們對自身生命認知的重建。我一直認為，茶道所能通達的程度，其實是人對自身生命認知、駕馭的深廣度。禪茶的核心，最須扎根於傳統義域，深度學禪，廣度學茶。

現代禪茶體系的建構設想及基本理論，筆者在《禪茶論典錄》一書緒論中已經做過簡要論述，更詳盡、系統的理論闡釋，擬在《禪茶知行論》中再作展開。作為藝文輯錄，此書的定位、任務便止於此。只是，禪茶遠不止一堆理論名相，而更是需要與身心養護、生命揚升同步共進的知行合一之學。故而，在研學、實踐禪茶過程中，我們依然還得清醒，切莫在玩弄理論中越行越遠、離題萬里，還造設了自我牢籠！

由於人類意識的個我屬性，在某種文化認同、心理認同中最易出現一葉障目，產生自我執持。面對禪茶也如是，喜好禪茶者最易動輒力舉禪茶最高最勝，唯此為真，甚至還陷入神秘玄乎，自欺欺人。繼而，禪茶輕易便會成為我們放縱身心、傷害自他的藉口。可知一旦生命程序紊亂，盲目妄作，便已經違背了禪茶的核心理念和生命價值觀！禪茶固然需要理論建構、技術方法建構，但最重要的還是主體人的自我省思，自我解構，慢慢溫養，煉粗為精。

如此，禪茶所承載的生活智慧、生命內義才會無偏執呈現！有此主心骨，禪茶的建構和演釋也才能隨心、隨語境變化而不脫離生命本懷！

第一編　僧人茶詩

0001. 行路易〔註1〕

〔梁〕善慧

須彌芥子父，芥子須彌爺。

山海坦平地，燒氷〔註2〕將煮茶。

行路易，路易真冥寞。

菩提心在中，世人元不覺。

——唐・樓穎錄：《善慧大士語錄》第 3 卷，《卍續藏》第 69 冊，第 120 頁。

0002. 飲茶歌誚崔石使君〔註3〕

〔唐〕皎然〔註4〕

越人遺我剡溪茗，採得金牙爨金鼎。〔註5〕

〔註1〕善慧《行路易》共十五首，此錄第十。

〔註2〕「氷」即「冰」的古體字。本書涉及許多古體字、異體字、通假字等，多據原典實錄，不作改動。

〔註3〕「誚」字不是貶義，而是帶有詼諧調侃之意。崔石約在唐德宗貞元初任湖州刺史，時皎然居湖州妙喜寺。

〔註4〕皎然（730～799），俗姓謝，字清晝，湖州人，曾任吳興杼山妙喜寺主持。山水詩人、茶僧。

〔註5〕越：古代紹興。遺〔Wèi〕：贈送。剡溪：水名，在紹興地區。剡溪茗：唐時名茶。金芽：鵝黃色的嫩芽。爨：此處當燒火講。

素瓷雪色縹沫香，何似諸仙瓊蕊漿。〔註6〕

一飲滌昏寐，情思朗爽滿天地。

再飲清我神，忽如飛雨灑輕塵。

三飲便得道，何須苦心破煩惱。

此物清高世莫知，世人飲酒多自欺。

愁看畢卓〔註7〕甕間夜，笑向陶潛籬下時。

崔侯啜之意不已，狂歌一曲驚人耳。

孰知茶道全爾真，唯有丹丘得如此。〔註8〕

——清·曹寅、彭定求等編纂：《全唐詩》第 821 卷第 16 首，康熙 44
～46 年（1705～1707）揚州詩局刻本。（注：此後凡引於《全唐
詩》者，均只略注卷數及首數。）

0003. 飲茶歌送鄭容

〔唐〕皎然

丹丘羽人輕玉食，採茶飲之生羽翼。

名藏仙府世空知，骨化雲宮人不識。

雲山童子調金鐺，楚人茶經虛得名。

霜天半夜芳草折，爛漫緗花啜又生。

賞君此茶祛我疾，使人胸中蕩憂栗。

日上香爐情未畢，醉踏虎溪雲，高歌送君出。

——《全唐詩》第 821 卷第 23 首。

0004. 九日與陸處士羽飲茶

〔唐〕皎然

九日山僧院，東籬菊也黃。

俗人多泛酒，誰解助茶香。

——《全唐詩》第 817 卷第 68 首。

〔註6〕素瓷：無複雜紋飾，典雅潔淨的瓷器。

〔註7〕畢卓：晉人，酒徒。

〔註8〕丹丘：即神仙丹丘子。

0005. 訪陸處士羽

〔唐〕皎然

太湖東西路，吳王古山前。

所思不可見，歸鴻自翩翩。

何山賞春茗？何處弄春泉？

莫是滄浪子，悠悠一釣船！

——釋皎然：《杼山集》第 2 卷，第 10～11 頁，文淵閣《四庫全書》集部·別集類，臺灣商務印書館 1983 年影印版，第 1071 冊，第 793 頁。（注：《四庫全書》，包括之後將會引用到的《續修四庫全書》《四部叢刊》《古今圖書集成》《正統道藏》等，多是印影本，原書中已自帶頁碼。而總集中，又會重新產生總體冊數及本冊頁碼。兼之原書多設計為上中下或上下欄，每欄頁碼不同，故而本書將析出文獻頁碼及叢刊頁碼均予注出，以方便快速、具體地查閱到相應內容。）

0006. 送許丞還洛陽

〔唐〕皎然

剗茗情來亦好斟，空門一別肯沾襟。

悲風不動罷瑤軫，忘卻洛陽歸客心。

——《全唐詩》第 815 卷第 36 首。

0007. 山居示靈澈上人

〔唐〕皎然

晴明路出山初暖，行踏春蕪看茗歸。

乍削柳枝聊代剗，時窺雲影學裁衣。

身閒始覺隳名是，心了方知苦行非。

外物寂中誰似我，松聲草色共無機。

——《全唐詩》第 815 卷第 57 首。

0008. 對陸迅飲天目山茶，因寄元居士晟

〔唐〕皎然

喜見幽人會，初開野客茶。

日成東井葉，露採北山芽。

文火香偏勝，寒泉味轉嘉。

投鐺湧作沫，著碗聚生花。

稍與禪經近，聊將睡網賒。

知君在天目，此意日無涯。

——《全唐詩》第 818 卷第 69 首。

0009. 陪盧判官水堂夜宴

〔唐〕皎然

暑氣當宵盡，裴回坐月前。

靜依山堞近，涼入水扉偏。

久是棲林客，初逢佐幕賢。

愛君高野意，烹茗釣淪漣。

——《全唐詩》第 817 卷第 37 首。

0010. 白雲上精舍尋杼山禪師兼示崔子向何山道上人

〔唐〕皎然

望遠涉寒水，懷人在幽境。

為高皎皎姿，及愛蒼蒼嶺。

果見棲禪子，潺湲灌真頂。

積疑一念破，澄息萬緣靜。

世事花上塵，惠心空中境。

清閒誘我性，遂使腸慮屏。

許共林客遊，欲從山王請。

木棲無名樹，水汲忘機井。

持此一日高，未肯謝箕潁。

夕霽山態好，空月生俄頃。

識妙聆細泉，悟深滌清茗。

此心誰得失，笑向西林永。

——釋皎然：《杼山集》第 2 卷，第 2 頁，文淵閣《四庫全書》集部‧
　　別集類，臺灣商務印書館 1983 年影印版，第 1071 冊，第 788～
　　789 頁。

0011. 答裴集陽伯明二賢各垂贈二十韻今以一章用酬兩作

〔唐〕皎然

知音如瓊枝，天生為予有。
攀折若無階，何殊天上柳。
裴生清通嗣，陽子盛德後。
詩名比元長，賦體凌延壽。
珠生驪龍頷，或生靈蛇口。
何似雙瓊章，英英曜吾手。
白日不可汗，清源肯容垢。
持此山上心，待君忘情友。
且伴邱壑賞，未隨名宦誘。
坐石代瓊茵，製荷損艾綬。
清霄集我寺，烹茗開禪牖。
發論教可垂，正文言不朽。
白雲供詩用，清吹生座右。
不嫌逸令醉，莫試仙壺酒。
皎皎尋陽隱，千年可為偶。
一從漢道卒，世事無紛糾。
星文齊七政，天軸明二斗。
召士揚弓旌，知君在林藪。
莫學潁陽子，請師高山叟。
出處藩我君，還來會厓阜。

——釋皎然：《杼山集》第 2 卷，第 5～6 頁，《四庫全書》集部‧別集
　　類。臺灣商務印書館 1983 年影印版，第 1071 冊，第 790～791 頁。

0012. 晦夜李侍御萼宅集招潘述湯衡海上人飲茶賦

〔唐〕皎然

晦夜不生月，琴軒猶為開。

牆東隱者在，淇上逸僧來。

茗愛傳花飲，詩看卷素裁。

風流高此會，曉景屢徘徊。

——釋皎然：《杼山集》第 3 卷，第 12 頁，文淵閣《四庫全書》集部 · 別集類，臺灣商務印書館 1983 年影印版，第 1071 冊，第 802～803 頁。

0013. 顧渚行寄裴芳丹

〔唐〕皎然

我有雲泉鄰渚山，山中茶事頗相關。

鶗鴂鳴時芳草死，山家漸欲收茶子。

伯勞飛日芳草滋，山僧又是採茶時。

由來慣採無近遠，陰嶺長兮陽厓淺。

大寒山下葉未生，小寒山中葉初卷。

吳姥攜筐上翠微，濛濛香刺罥春衣。

山迷乍可落花亂，度水時驚啼鳥飛。

家園不遠乘露摘，歸時露彩猶滴瀝。

初看抽出軟玉英，更取金來勝金液。

昨夜西風雨色過，朝尋新茗復如何。

女宮露澀青芽老，堯市人稀紫筍多。

紫筍青芽誰得識，日暮採之長太息。

清冷真人待子元，貯此芳香思何極。

——釋皎然：《杼山集》第 7 卷，第 18～19 頁，文淵閣《四庫全書》集部 · 別集類，臺灣商務印書館 1983 年影印版，第 1071 冊，第 840 頁。

0014. 月夜啜茶聯句

〔唐〕皎然等

泛花邀坐客，代飲引情言。（陸士修）

醒酒宜華席，留僧想獨園。（張薦）

不須攀月桂，何假樹庭萱。（李崿）

御史秋風勁，尚書北斗尊。（崔萬）

流華淨肌骨，疏淪滌心原。（顏真卿）

不似春醪醉，何辭綠菽繁。（皎然）

素瓷傳靜夜，芳氣清閒軒。（陸士修）

——《全唐詩》第 788 卷第 8 首。

0015. 渚山春暮，會顧丞茗舍，聯句效小庾體

〔唐〕皎然等

誰是惜暮人，相攜送春日。

因君過茗舍，留客開蘭室。（陸士修）

濕苔滑行屐，柔草低藉瑟。

鵲喜語成雙，花狂落非一。（崔子向）

煙濃山焙動，泉破水舂疾。

莫扚掛瓢枝，會移閱書帙。（皎然）

頗容樵與隱，豈聞禪兼律。

欄竹不求疏，網藤從更密。（陸士修）

池添逸少墨，園雜莊生漆。

景晏枕猶奇支，酒醒頭懶櫛。（崔子向）

雲教淡機慮，地可遺名實。

應待御莩青，幽期踏芳出。（皎然）

——《全唐詩》第 794 卷第 9 首。

0016. 妙樂觀〔註9〕

〔唐〕靈一

王喬已去空山觀，白雲只今凝不散。

壇場月露幾千年，往往笙歌下天半。

瀑布西行過石橋，黃精彩根還採苗。

〔註 9〕亦名《題王喬觀傳傅道士所居》。

忽見一人擎茶碗，蓼花昨夜風吹滿。
自言住處在東坡，白犬相隨邀我過。
松間石上有棋局，能使樵人爛斧柯。

——《全唐詩》第 809 卷第 40 首。

0017. 與元居士青山潭飲茶

〔唐〕靈一

野泉煙火白雲間，坐飲香茶愛此山。
岩下維舟不忍去，青溪流水暮潺潺。

——《全唐詩》第 809 卷第 41 首。

0018. 送邵錫及第歸湖州

〔唐〕無可

春闕鳥罷啼，歸慶浙煙西。
郡守招延重，鄉人慕仰齊。
橘青逃暑寺，茶長隔湖溪。
乘暇知高眺，微應辨會稽。

——《全唐詩》第 813 卷第 45 首。

0019. 送喻鳧及第歸陽羨

〔唐〕無可

姓字載科名，無過子最榮。
宗中初及第，江上覲難兄。
月向波濤沒，茶連洞壑生。
石橋高思在，且為看東坑。

——《全唐詩》第 813 卷第 49 首。

0020. **郊居即事**

〔唐〕賈島〔註10〕

住此園林久，其如未是家。

葉書傳野意，簷溜煮胡茶。

雨後逢行鷺，更深聽遠蛙。

自然還往裏，多是愛煙霞。

——《全唐詩》第 573 卷第 117 首。

0021. **早春題友人湖上新居二首**

〔唐〕賈島

一

近得雲中路，門長侵早開。

到時猶有雪，行處已無苔。

二

勸酒客初醉，留茶僧未來。

每逢晴暖日，惟見乞花栽。

——賈島：《長江集》第 4 卷，第 8～9 頁。《四庫全書》集部・別集
類，第 1078 冊，第 407 頁。

0022. **送童子下山**

〔唐〕金地藏

空門寂寞汝思家，禮別雲房下九華。

愛向竹欄騎竹馬，懶於金地聚金沙。

添瓶澗底休招月，烹茗甌中罷弄花。

好去不須頻下淚，老僧相伴有煙霞。

——《全唐詩》第 808 卷第 32 首。

〔註10〕賈島（779～843），字閬仙，人稱詩奴，又名瘦島（郊寒島瘦），晚年出家為
僧，號無本。

0023. 嘗茶

〔唐〕齊己

石屋晚煙生，松窗鐵碾聲。

因留來客試，共說寄僧名。

味擊詩魔亂，香搜睡思輕。

春風霅川上，憶傍綠叢行。

——《全唐詩》第 838 卷第 48 首。

0024. 逢鄉友

〔唐〕齊己

無況來江島，逢君話滯留。

生緣同一國，相識共他州。

竹影斜青蘚，茶香在白甌。

猶憐心道合，多事亦冥搜。

——《全唐詩》第 838 卷第 54 首。

0025. 送中觀進公歸巴陵

〔唐〕齊己

一論破雙空，持行大國中。

不知從此去，何處挫邪宗。

晝雨懸帆黑，殘陽泊島紅。

應遊到灘岸，相憶繞茶叢。

——《全唐詩》第 838 卷第 79 首。

0026. 山寺喜道者至

〔唐〕齊己

閏年春過後，山寺始花開。

還有無心者，閒尋此境來。

鳥幽聲忽斷，茶好味重回。

知住南岩久，冥心坐綠苔。

——《全唐詩》第 839 卷第 16 首。

0027. 寄江西幕中孫魴員外

〔唐〕齊己

簪履為官興，芙蓉結社緣。

應思陶令醉，時訪遠公禪。

茶影中殘月，松聲裏落泉。

此門曾共說，知未遂終焉。

——《全唐詩》第 839 卷第 77 首。

0028. 寄敬亭清越

〔唐〕齊己

敬亭山色古，廟與寺松連。

住此修行過，春風四十年。

鼎嘗天柱茗，詩硯剡溪箋。

冥目應思著，終南北闕前。

——《全唐詩》第 840 卷第 2 首。

0029. 謝灉湖茶

〔唐〕齊己

灉湖唯上貢，何以惠尋常。

還是詩心苦，堪消蠟面香。

碾聲通一室，烹色帶殘陽。

若有新春者，西來信勿忘。

——《全唐詩》第 840 卷第 15 首。

0030. 題真州精舍

〔唐〕齊己

波心精舍好，那岸是繁華。

礙目無高樹，當門即遠沙。

晨齋來海客，夜磬到漁家。

石鼎秋濤靜，禪回有岳茶。

——《全唐詩》第 840 卷第 46 首。

0031. 謝中上人寄茶

〔唐〕齊己

春山穀雨前，並手摘芳煙。

綠嫩難盈籠，清和易晚天。

且招鄰院客，試煮落花泉。

地遠勞相寄，無來又隔年。

——《全唐詩》第 840 卷第 75 首。

0032. 謝人惠扇子及茶

〔唐〕齊己

槍旗封蜀茗，圓潔製鮫綃。

好客分烹煮，青蠅避動搖。

陸生誇妙法，班女恨涼飆。

多謝崔居士，相思寄寂寥。

——《全唐詩》第 841 卷第 6 首。

0033. 聞落葉

〔唐〕齊己

楚樹霜晴後，蕭蕭落晚風。

因思故園夜，臨水幾株空。

煮茗燒乾脆，行苔踏爛紅。

來年未離此，還見碧叢叢。

——《全唐詩》第 842 卷第 7 首。

0034. 懷東湖寺

〔唐〕齊己

鐵柱東湖岸，寺高人亦閒。

往年曾每日，來此看西山。

竹徑青苔合，茶軒白鳥還。

而今在天末，欲去已衰顏。

——《全唐詩》第 842 卷第 20 首。

0035. 又寄彭澤晝公

〔唐〕齊己

聞君彭澤住，結構近陶公。

種菊心相似，嘗茶味不同。

湖光秋枕上，嶽翠夏窗中。

八月東林去，吟香菡萏風。

——《全唐詩》第 843 卷第 8 首。

0036. 詠茶十二韻

〔唐〕齊己

百草讓為靈，功先百草成。

甘傳天下口，貴占火前名。

出處春無雁，收時谷有鶯。

封題從澤國，貢獻入秦京。

嗅覺精新極，嘗知骨自輕。

研通天柱響，摘繞蜀山明。

賦客秋吟起，禪師晝臥驚。

角開香滿室，爐動綠凝鐺。

晚憶涼泉對，閒思異果平。

松黃幹旋泛，雲母滑隨傾。

頗貴高人寄，尤宜別櫃盛。

曾尋修事法，妙盡陸先生。

——《全唐詩》第 843 卷第 19 首。

0037. 赴鄭谷郎中招遊龍興觀讀題詩板謁七真儀像因有十八韻

〔唐〕齊己

何處陪遊勝，龍興古觀時。

詩懸大雅作，殿禮七真儀。

遠繼周南美，彌旌拱北思。

雄方垂樸略，後輩仰箴規。

對坐茵花暖，偕行蘚陣瓏。

僧絛初學結，朝服久慵披。
到處琴棋傍，登樓筆硯隨。
論禪忘視聽，譚老極希夷。
照日江光遠，遮軒檜影欹。
觸鞋松子響，窺立鶴雛癡。
始貴茶巡爽，終憐酒散遲。
放懷還把杖，憩石或支頤。
眺遠凝清眄，吟高動白髭。
風鵬心不小，蒿雀志徒卑。
顧我專無作，於身忘有為。
叩因五字解，每忝重言期。
捨此應休也，何人更賞之。
淹留仙境晚，回騎雪風吹。

————《全唐詩》第 843 卷第 36 首。

0038. 匡山寓居棲公

〔唐〕齊己

外物盡已外，閒遊且自由。
好山逢過夏，無事住經秋。
樹影殘陽寺，茶香古石樓。
何時定休講，歸漱虎溪流。

————《全唐詩》第 843 卷第 48 首。

0039. 過陸鴻漸舊居

〔唐〕齊己

楚客西來過舊居，讀碑尋傳見終初。
佯狂未必輕儒業，高尚何妨誦佛書。
種竹岸香連菡萏，煮茶泉影落蟾蜍。
如今若更生來此，知有何人贈白驢。

————《全唐詩》第 846 卷第 7 首。

0040. 聞道林諸友嘗茶因有寄

〔唐〕齊己

槍旗冉冉綠叢園，穀雨初晴叫杜鵑。

摘帶嶽華蒸曉露，碾和松粉煮春泉。

高人夢惜藏岩裏，白硾封題寄火前。

應念苦吟耽睡起，不堪無過夕陽天。

——《全唐詩》第 846 卷第 18 首。

0041. 睡起作

〔唐〕修睦

長空秋雨歇，睡起覺精神。

看水看山坐，無名無利身。

偈吟諸祖意，茶碾去年春。

此外誰相識，孤雲到砌頻。

——《全唐詩》第 849 卷第 32 首。

0042. 投謁齊己

〔唐〕乾康

隔岸紅塵忙似火，當軒青嶂冷如冰。

烹茶童子休相問，報導門前是衲僧。

——《全唐詩》第 849 卷第 42 首。

0043. 贈朱慶餘狡書

〔唐〕清塞

風泉盡結冰，寒夢徹西陵。

越信楚城得，遠懷中夜興。

樹停沙島鶴，茶會石橋僧。

寺閣連官舍，行吟過幾層。

——靈澈等撰：《唐四僧詩》第 4 卷，第 5 頁。《四庫全書》集部·總
　　集類，第 1332 冊，第 334 頁。

0044. 玉芝觀王道士

〔唐〕清塞

四面松杉合，空堂畫老仙。

蠹根停雪水，曲角積茶煙。

道至機心盡，宵清琴韻全。

暫來還又去，不得坐經年。

——靈澈等撰：《唐四僧詩》第 5 卷，第 1 頁。《四庫全書》集部‧總
集類，第 1332 冊，第 335 頁。

0045. 早秋過郭涯書堂

〔唐〕清塞

暑消崗捨清，閒坐有餘情。

石水生茶味，秋風減扇聲。

遠雲收海雨，靜角掩山城。

此地秋吟苦，時來繞菊行。

——靈澈等撰：《唐四僧詩》第 5 卷，第 2 頁。《四庫全書》集部‧總
集類，第 1332 冊，第 336 頁。

0046. 破山山居〔註11〕

〔唐〕常達

身閒依祖寺，志僻性多慵。

少室遺真旨，層樓起暮鐘。

啜茶思好水，對月數諸峰。

有問山中趣，庭前是古松。

——靈澈等撰：《唐四僧詩》第 6 卷，第 1 頁。《四庫全書》集部‧總
集類，第 1332 冊，第 338 頁。

〔註11〕常達《破山山居八詠》，此錄其一。

0047. 題惠山泉

〔唐〕若冰

石脈綻寒光，松根噴曉涼。

注瓶雲母滑，漱齒茯苓香。

野客偷煎茗，山僧惜淨床。

安禪何所問，孤月在中央。

——釋正勉、釋性通：《古今禪藻集》第 4 卷，第 53 頁，《四庫全書》
集部·總集類，第 1416 冊，第 368 頁。

0048. 與陳陶處士

〔唐〕尚顏

鍾陵城外住，喻似玉沈泥。

道直貧嫌殺，神清語亦低。

雪深加酒債，春盡減詩題。

記得曾邀宿，山茶獨自攜。

——見宋李龏：《唐僧弘秀集》第 10 卷，第 3 頁，《四庫全書》集部·
總集類，第 1359 冊，第 920 頁。

0049. 寄問政山晶威儀

〔唐〕尚顏

先生臥碧岑，諸祖是知音。

得道無一法，孤雲同寸心。

嵐光薰鶴詔，茶味敵人參。

若向壺中去，他年許我尋。

——見宋李龏：《唐僧弘秀集》第 10 卷，第 6 頁，《四庫全書》集部·
總集類，第 1359 冊，第 921 頁。

0050. 奉寄鄭都官

〔唐〕歸仁

早晚辭班列，歸尋舊隱峰。

代移家集在，身老詔書重。

藥秘仙都訣，茶開蜀國封。

何當答群望，高躡傅巖蹤。

——釋正勉、釋性通：《古今禪藻集》第 4 卷，第 57 頁，《四庫全書》
集部・總集類，第 1416 冊，第 370 頁。

0051. 居南嶽懷沈彬 〔註 12〕

〔唐〕歸仁

石房開竹扇，茗外獨支頤。

萬木還無葉，百年能幾時。

隔雲聞狖過，截雨見虹垂。

因憶岳南客，晏眠吟好詩。

——釋正勉、釋性通：《古今禪藻集》第 4 卷，第 59 頁，《四庫全書》
集部・總集類，第 1416 冊，第 371 頁。

0052. 夜直

〔唐〕子蘭

大內隔重牆，多聞樂未央。

燈明宮樹色，茶煮禁泉香。

鳳輦通門靜，雞聲入漏長。

宴榮陪御席，話密近龍章。

吟步彤墀月，眠分玉署涼。

欲黏朱紱重，頻草白麻忙。

筆力將群吏，人情在致唐。

萬方瞻仰處，晨夕面吾皇。

——釋正勉、釋性通：《古今禪藻集》第 6 卷，第 10～11 頁，《四庫全
書》集部・總集類，第 1416 冊，第 388 頁。

〔註 12〕李龏《唐僧弘秀集》卷六亦將此詩錄於尚顏名下。

0053. 雪

〔唐〕可止

落處咸過尺，倏然物象淒。

瑞凝金殿上，寒甚玉關西。

潤比江河普，明將日月齊。

凌雲花頂膩，鎖徑竹梢低。

出谷樵童怯，歸林野鳥迷。

煮茶融破練，磨墨染成鷖。

陷兔埋平澤，和魚凍洽溪。

入樓消酒力，當檻寫詩題。

道路依憑馬，朝昏委託雞。

洞深猿作簇，松亞鶴移棲。

及夏清岩穴，經春溜石梯。

豐年兼泰國，天道育黔黎。

——釋正勉、釋性通：《古今禪藻集》第 6 卷，第 11 頁，《四庫全書》
　　集部·總集類，第 1416 冊，第 389 頁。

0054. 山居

〔唐〕法珍

煙暖喬林啼鳥遠，日高方丈落花深。

積香廚內新茶熟，輕泛松花滿碗金。

——釋正勉、釋性通：《古今禪藻集》第 7 卷，第 16 頁，《欽定四庫全
　　書》集部·總集類，第 1416 冊，第 399 頁。

0055. 題宿禪師院

〔唐〕貫休

身閒心亦然，如此已多年。

語淡不著物，茶香別有泉。

古衣和蘚納，新偈幾人傳。

時說秋歸夢，孤峰在海邊。

——釋貫休：《禪月集》第 9 卷，第 6 頁，《四庫全書》集部‧別集類，
第 1084 冊，第 463 頁。

0056. 劉相公見訪

〔唐〕貫休

千騎擁朱輪，香塵豈是塵。

如何補袞眼，來看衲衣人。

莊叟同先覺，空王有宿因。

對花無俗態，愛竹見天真。

欹枕松窗迥，題牆道意新。

戒師慚匪什，都講更勝詢。

桃熟多紅璺，茶香有碧筋。

高宗多不寐，終是夢中人。

——釋貫休：《禪月集》第 10 卷，第 7 頁，《四庫全書》集部‧別集
類，第 1084 冊，第 467 頁。

0057. 春遊靈泉寺

〔唐〕貫休

水蹴危梁翠擁沙，鐘聲微徑入深花。

嘴紅潤鳥啼芳草，頭白山僧自扞茶。

松色摧殘遭賊火，水聲幽咽落人家。

因尋古蹟空惆悵，滿袖香風白日斜。

——釋貫休：《禪月集》第 20 卷，第 6 頁，《四庫全書》集部‧總集
類，第 1084 冊，第 505 頁。

0058. 題蘭江言上人院

〔唐〕貫休

一

一生只著一麻衣，道業還期習彥威。

手把新詩說山夢，石橋天柱雪霏霏。

二

只是危吟坐翠層，門前岐路自崩騰。

青雲名士時相訪，茶煮西峰瀑布冰。

——釋貫休：《禪月集》第 21 卷，第 6 頁，《四庫全書》集部・總集
類，第 1084 冊，第 509 頁。

0059. 山居〔註13〕

〔唐〕貫休

自休自了白安排，常願居山事偶諧。

僧採樹衣臨絕壑，狖爭山果落空階。

閒擔茶器緣青嶂，靜衲禪袍坐綠崖。

虛作新詩反招隱，出來多與此心乖。

——釋貫休：《禪月集》第 23 卷，第 6 頁，《四庫全書》集部・總集
類，第 1084 冊，第 515 頁。

0060. 題吉祥寺茶山

〔宋〕淨端

吉祥山水與雲連，清韻來聞二十年。

知道老僧無熱惱，金沙池內不流泉。

——師皎編：《吳山淨端禪師語錄》第 2 卷，《卍續藏》第 73 冊，第
81 頁。

0061. 津禪人出化盞橐乞頌

〔宋〕宏智正覺

吃茶去語落諸方，聚首商量柄杷長。

相席是渠能打令，同塵輸爾解和光。

舌頭狤獠明無骨，鼻孔累垂暗有香。

盞橐成來圓此話，儂家受用恰平常。

——淨覺編：《宏智禪師廣錄》第 8 卷，《大正藏》第 48 冊，第 82 頁。

〔註13〕貫休《山居》共二十四首，此為第二十。

0062. 十月朔與法上人南谷行

〔宋〕宏智正覺

一

扚策鳴林遊興濃，要將丘壑醉青瞳。

黃華尚媚秋餘日，錦樹那禁霜後風。

轉岫蛇行岐屈曲，斷崖虹臥水丁東。

誰慳劇味平生事，分付飲茶談笑中。

二

一笻雙屨徵具簡，幽討勝友賓捿深。

與公半夜丘壑語，慰我平生麋鹿心。

倒榻雅成山水夢，落泉寒作絲桐音。

歸歟城寺禪膚粟，定是流想來家林。

——淨覺編：《宏智禪師廣錄》第8卷，《大正藏》第48冊，第85頁。

0063. 與諾侍者

〔宋〕宏智正覺

夢回茶碗手親扶，雅意溈山轉道樞。

自喚主人酬一諾，誰違尊者應三呼。

死生到日還能否，辜負當年是有無。

妙得古人行履處，了無些事作工夫。

——淨覺編：《宏智禪師廣錄》第8卷，《大正藏》第48冊，第85頁。

0064. 與止上人同南麓行

〔宋〕宏智正覺

庚子冬二十八日，天意晴和，與止上人同南麓行。橫岡轉流，長作清響，陰溪直木，寒無悴容。到竹林人家，飲茶而還。

雲麓勝處夙未到，清行興銳忘崎嶔。

誰無瘦杖少扶力，我與幽人同賞心。

壑津軟綠自宛轉，岸樹老碧長陰森。

溪西乞火煮茶去，竹里人家齋磬音。

——淨覺編：《宏智禪師廣錄》第8卷，《大正藏》第48冊，第88頁。

0065. 寄大洪和尚

〔宋〕宏智正覺

飲茶作別出蘿門，相送猶懷握手溫。

斷雁幾時歸綴字，浮萍隨處臥生根。

秋風窗外擁蘆雪，夢冷床頭墮月魂。

塵柄年來疲轉徙，卻思紅顆共炊盆。

——淨覺編：《宏智禪師廣錄》第8卷，《大正藏》第48冊，第90頁。

0066. 送慧禪人往上江糴麻米

〔宋〕宏智正覺

石霜拈處最分明，萬萬千千一粒生。

歸日飯香穿鼻孔，相呼作舞下堂行。

雲門䬃餅趙州茶，里許明明著得些。

公案見成知味底，一千二百衲僧家。

解開蔑束肚皮寬，子去誰憂甔釜寒。

雲水相迎船到岸，飽叢林事不相瞞。

蘆華明月水茫茫，激箭風舟破冷光。

親到盧陵酬米價，那時開口便相當。

去去西江趁便風，丁寧底意語龐公。

歸來定是通身飯，直下人人識己躬。

——淨覺編：《宏智禪師廣錄》第8卷，《大正藏》第48冊，第93頁。

0067. 茶醒睡眼

〔宋〕宏智正覺

鬚髮垂白，面皮淡黃。

茶醒睡眼，飯塞饑腸。

情田閒自廓，心地淨而光。

雲斂山川雨，月明河漢霜。

門門得用亡機械，個事十成誰覆藏。

——淨覺編：《宏智禪師廣錄》第9卷，《大正藏》第48冊，第110頁。

0068. 禪人並化主寫真求贊

〔宋〕宏智正覺

老身且懶，居然從簡。

白雪覆顛，烏華亂眼。

心光傳祖燈，手段破家產。

到不到趙州吃茶，回不回睦州擔板。

借問諸人識也無？青山骨秀閒雲散。

——淨覺編：《宏智禪師廣錄》第 9 卷，《大正藏》第 48 冊，第 117 頁。

0069. 募茶引偈

〔宋〕梓舟船

世人多飲茶，良緣結萬家。

好事因中果，冷熱便用他。

喜心徑路渴，如添甘露涯。

何愁不成佛，遇澤昔開花。

——明恒、明悁編：《梓舟船禪師襄陽檀溪語錄》第 3 卷，《嘉興藏》第 33 冊，第 354 頁。

0070. 早課

〔宋〕釋居簡

井花嫩煮熨梅花，先酌芳甘注佛茶。

冷淡工夫相次了，卻留窗日看橫斜。

——釋居簡：《北磵詩集》第 1 卷，明文書局，1981 年，第 3 頁。

0071. 贈浩律師

〔宋〕居簡

浩也毗尼學，精於玉帳嚴。

蟻醋停掃砌，燕乳記鉤簾。

茶鼎敲冰煮，花壺漉水添。

夢回池草綠，忍踐綠纖纖。

——厲鶚：《宋詩紀事》第 93 卷，第 25～26 頁，《四庫全書》集部·
　　詩文評類，第 1485 冊，第 770～771 頁。

0072. 自詠

〔宋〕福全

生成盞裏水丹青，巧盡工夫學不成。

卻笑當時陸鴻漸，煎茶贏得好名聲。

——厲鶚：《宋詩紀事》第 91 卷，第 4 頁，《四庫全書》集部·詩文評
　　類，第 1485 冊，第 706 頁。

0073. 寄題武當郡守吏隱亭

〔宋〕希晝

郡亭傳吏隱，閒自使君心。

卷幕知來客，懸燈見宿禽。

茶煙逢石斷，棋響入花深。

會逐南帆便，乘秋寄此吟。

——厲鶚：《宋詩紀事》第 91 卷，第 5 頁，《四庫全書》集部·詩文評
　　類，第 1485 冊，第 706 頁。

0074. 留題承旨宋侍郎林亭

〔宋〕希晝

翰苑營嘉致，到來山意深。

會茶多野客，啼竹半沙禽。

雪溜懸危石，棋燈射遠林。

言詩素非苦，虛答侍臣心。

——厲鶚：《宋詩紀事》第 91 卷，第 6 頁，《四庫全書》集部·詩文評
　　類，第 1485 冊，第 707 頁。

0075. 送簡長師陪黃史君歸江右

〔宋〕尚能

相送隨旌旆，離情亦萬端。

霜洲楓落盡，水館月生寒。

接話嘗茶遍，聯詩坐漏殘。

歸期在巖壑，郡邸想留難。

——厲鶚：《宋詩紀事》第 91 卷，第 24 頁，《四庫全書》集部·詩文評類，第 1485 冊，第 716 頁。

0076. 鄞公庵歌

〔宋〕雲知

呼猿澗西藏石筍，丹桂蒼松達鷲嶺。

幾年陳跡絕纖埃，一旦佳名出清景。

山家時喜來五馬，相攜款曲空巖下。

遂許誅茅結小庵，異日功成伴瀟灑。

庵成可以資靜觀，目前直見江湖寬。

鄞公政簡每頻到，試茶笑傲浮雲端。

物外似忘軒冕貴，此中深得林泉意。

野人陪著病維摩，遊息自同方丈地。

芳猷從此流千載，且得而今光勝槩。

——厲鶚：《宋詩紀事》第 91 卷，第 58 頁，《四庫全書》集部·詩文評類，第 1485 冊，第 733 頁。

0077. 洪井

〔宋〕善權

水發香城源，度澗隨曲折。

奔流兩岸腹，洶湧雙石闕。

怒翻銀漢浪，冷下太古雪。

跳波落丹青，勢盡聲自歇。

散漫歸平川，與世濯煩熱。

飛梁瞰虛碧，洞視竦毛髮。

連峰翳層陰，老木森羽節。

洪厓古仙子，煉秀攬殘月。

丹成已蟬蛻，藥臼見遺烈。

我亦辭道山，浮杯愛清絕。

攀松一舒嘯，靈風披林樾。

尚想騎雪精，重來飲芳潔。

——厲鶚：《宋詩紀事》第 92 卷，第 9～10 頁，《四庫全書》集部·詩文評類，第 1485 冊，第 738～739 頁。

0078. 普請罷書偈

〔宋〕志芝

茶芽麗蕨初離焙，筍角狼忙又吐泥。

山舍一年春事辦，得閒誰管板頭低。

——厲鶚：《宋詩紀事》第 93 卷，第 10～11 頁，《四庫全書》集部·詩文評類，第 1485 冊，第 763 頁。

0079. 山中

〔宋〕彥強

老矣毋能役，岩分草草緣。

放渠藜六尺，銷得屋三椽。

雪盡收茶早，雲晴拾菌鮮。

有時臨近澗，揎手弄潺湲。

——厲鶚：《宋詩紀事》第 93 卷，第 13 頁，《四庫全書》集部·詩文評類，第 1485 冊，第 764 頁。

0080. 遊洞霄得鄉友道士鄧君德清話因成古語

〔宋〕自彰

亂山倚伏龍蛇蟠，蒼藤古木門徑寒。

蕊宮潭潭列萬礎，碧樓朱戶參雲端。

吾聞上界足官府，謫下名山作仙侶。

我來尋仙訪泉石，落日浮雲隨杖屨。

道士鄧君吾故人，汲泉煮茗慰酸辛。

笑談未厭樵柯爛，回首人間五百春。

———屬鶚：《宋詩紀事》第 93 卷，第 35 頁，《四庫全書》集部‧詩文評類，第 1485 冊，第 775 頁。

0081. **鄭學士請贊**

〔宋〕大慧宗杲

參得圜悟禪，擔起睦州版。

透過祖師關，瞎卻頂門眼。

肚裏黑漫漫，心中平坦坦。

性氣得人憎，發時渾不管。

鞏縣茶瓶吃一槌，擊碎饒州白瓷盌。

———蘊聞：《大慧普覺禪師語錄》第 12 卷，《大正藏》第 47 冊，第 860 頁。

0082. **九峰山居詩**

〔宋〕九峰詮

二十

住在匡峰近十年，新栽松竹韻笙全。

山雞報曉啼殘月，童子烹茶汲練泉。

落葉背嵓驚宿鳥，鉏雲歸竇露安禪。

尋常不欲臨流望，影瀉澄潭鬢皓然。

二十二

住在匡峰卻閉關，生涯勞役謾循環。

百年魂夢能幾日，一寸寒灰宜近山。

濾水煑茶醒睡眼，聽泉留客話身閒。

思量更有冥心事，松竹森森不可攀。

———如祐錄：《禪門諸祖師偈頌》之下，《卍續藏》第 66 冊，第 747 頁。

0083. 九日菊

〔宋〕白雲守端

金蘂叢叢帶露新，採來烹茗賞佳晨。

浮杯何必須宜酒，但有馨香自醉人。

——處凝編：《白雲守端禪師廣錄》，《卍續藏》第 69 冊，第 320 頁。

0084. 趙州吃茶

〔宋〕黃龍慧南

一

趙州驗人端的處，等閒開口便知音。

覿面若無青白眼，宗風爭得到如今。

二

相逢相問知來歷，不揀親疎便與茶。

翻憶憧憧往來者，忙忙誰辨滿甌花。

——惠泉編：《黃龍慧南禪師語錄》，《大正藏》第 47 冊，第 635 頁。

0085. 南嶽高臺示禪者

〔宋〕黃龍慧南

撥草占風辨正邪，先須拈卻眼中沙。

舉頭若味天皇餅，虛心難吃趙州茶。

南泉無語歸方丈，靈雲有頌悟桃花。

從頭為我雌黃出，要見叢林正作家。

——惠泉編：《黃龍慧南禪師語錄》，《大正藏》第 47 冊，第 635 頁。

0086. 三關師自頌

〔宋〕黃龍慧南

生緣有語人皆識，水母何曾離得鰕。

但見日頭東畔上，誰能更吃趙州茶。

——日·東皥輯補：《黃龍慧南禪師語錄續補》，《大正藏》第 47 冊，
第 639 頁。

0087. 送新茶

〔宋〕雪竇重顯

一

元化功深陸羽知，雨前微露見鎗旗。

收來獻佛余堪惜，不寄詩家復寄誰！

二

乘春雀舌占高名，龍麝相資笑解醒。

莫訝山家少為送，鄭都官謂草中英。

——文政編：《明覺禪師語錄》，《大正藏》第 47 冊，第 16 頁。

0088. 謝鮑學士惠臘茶

〔宋〕雪竇重顯

叢卉乘春獨讓靈，建溪從此振嘉聲。

使君分賜深深意，曾敵禪曹萬慮清。

——重顯撰，文政編：《明覺禪師語錄》，《大正藏》第 47 冊，第 24 頁。

0089. 送山茶上知府郎給事

〔宋〕雪竇重顯

穀雨前收獻至公，不爭春力避芳叢。

煙開曾入深深塢，百萬鎗旗在下風。

——文政編：《明覺禪師語錄》，《大正藏》第 47 冊，第 26 頁。

0090. 茶寄樓司令

〔宋〕虛堂智愚

暖風雀舌鬧芳叢，出焙封題獻至公。

梅麓自來調鼎手，暫時勺水聽松風。

——法光編：《虛堂和尚語錄》第 7 卷，《大正藏》第 47 冊，第 1031 頁。

0091. **賀契師庵居**

〔宋〕虛堂智愚

正席雲山萬象回，道人壽眼為誰開。

呼童放竹澆花外，修整茶爐待客來。

——妙源編：《虛堂和尚語錄》第 7 卷，《大正藏》第 47 冊，第 1038 頁。

0092. **謝芝峰交承惠茶**

〔宋〕虛堂智愚

揀芽芳字出山南，真味那容取次參。

曾向松根烹瀑雪，至今齒頰尚餘甘。

——法光編：《虛堂和尚語錄》第 7 卷，《大正藏》第 47 冊，第 1040 頁。

0093. **贈黃秉中居士**

〔宋〕蓮峰（清素）

幾度尋僧樂品茶，禪林誰道不如家。

片心養得閒於鶴，高臥羲皇掃落花。

——清素：《蓮峰禪師語錄》第 9 卷，《嘉興藏》第 38 冊，第 379 頁。

0094. **種銀杏**〔註14〕

〔宋〕慧空

某得銀杏不食，種之庵前，見者曰：是三十年乃生，公老矣，能待之乎？某不答作曰：

蟠桃一實三千年，銀杏著子三十載。

老僧只作旦暮看，汝莫恩恩且少待。

階前始芽今出屋，便是攜籃走僮僕。

伴我東園看菜歸，與汝煎茶剝柔主。

——慧空：《雪峰空和尚外集》，《國家圖書館善本佛典》第 50 冊，第 6 頁。

〔註14〕原詩無題，此為編者按詩序所加。

0095. 與郭郎作骨董羹

〔宋〕慧空

一

詩人例窮無可佳，借蔬貸粟東西家。
胸中一字不療餒，奈此滿篋皆云霞。
郭郎之貧亦相似，眼高視世如空花。
兩翁相值且相煦，薄糝藜羹終勝茶。

二

詩人說盡山中佳，一原春色秦人家。
松自宮商竹自羽，空明樓觀溪明霞。
微言到耳萬世事，香氣薰人百種花。
同欄立盡聽吾語，蟹眼湯成催客茶。

三

寒士百爼食藉佳，敢比八珍五侯家。
分甘長貧體生粟，誰能一飽面發霞。
自羹青菘燒蘆菔，更雜石耳相天花。
願留佳士宿清晝，細引爐香深注茶。

四

上天既雨晴亦佳，黃雲滿壟金滿家。
政須與子加餐飯，何苦預人三咽霞。
今年明年吾自老，十日五日梅當花。
豈無詩力禦強敵，已作睡魔鬪釅茶。

——慧空：《雪峰空和尚外集》，《國家圖書館善本佛典》第 50 冊（館
藏書號 04516），第 8 頁。

0096. 送茶化士

〔宋〕慧空

一

建溪深與吉山鄰，勝氣潛通不在陳。
但看吉山茶椀裏，雪花時現建溪春。

二

五湖雲水訪山家，不問親疎盡與茶。
若省此茶來處者，出門風擺綠楊斜。

三

正味森嚴來處異，叢林多用顯家風。
趙州一味客必盡，風穴三巡主意濃。
要使人人開睡眼，且煩小小現神通。
赫源北苑大雲際，盡入吉山茶椀中。

——慧空：《雪峰空和尚外集》，《國家圖書館善本佛典》第 50 冊，第
13 頁。

0097. 與建州介瀨溪翁道人

〔宋〕慧空

翁翁介瀨溪頭住，我亦曾從溪上過。
一缽飯香留不住，信根道眼兩無差。
菩提種子男兼女，清淨家風菜與茶。
大佛所傳無別法，只今猶有老僧伽。

——慧空：《雪峰空和尚外集》，《國家圖書館善本佛典》第 50 冊，第
21～22 頁。

0098. 送僧之育王

〔宋〕慧空

一庵臥病死無異，放發齊眉老更顛。
相送無言茶一椀，江山岸下浙東舡。

——慧空：《雪峰空和尚外集》，《國家圖書館善本佛典》第 50 冊，第
28 頁。

0099. 用詢山堂韻寄澹庵

〔宋〕慧空

一

泥牛石女本同宗，一個惟聰一個聾。

問著威音已前事，總言裴楷號精通。

二

休論他家種性邪，惠崇蘆鴈趙昌花。

不知真假爭多少，且盡杯中苦澀茶。

——慧空：《雪峰空和尚外集》，《國家圖書館善本佛典》第 50 冊，第 30 頁。

0100. 送雪竇化士

〔宋〕慧空

雪竇性化士，得得訪空生。

麤茶吃一椀，淡話說兩聲。

貧無錢注疏，懶作偈送行。

只有霜空月，相隨到四明。

——慧空：《雪峰空和尚外集》，《國家圖書館善本佛典》第 50 冊，第 32 頁。

0101. 贈齡首座住庵

〔宋〕慧空

南方浩浩正談禪，誰問君家博飯田。

待我寒衣都補了，袖茶來訪钁頭邊。

——慧空：《雪峰空和尚外集》，《國家圖書館善本佛典》第 50 冊，第 33 頁。

0102. 送茶頭並化士

〔宋〕慧空

一

四海建溪茶，古今人所重。
惟有禪家流，端的得受用。
風穴出送行，香嚴用原夢。
古佛老趙州，到與不到共。
今者披秀翁，又作如是供。
階也分化權，空生與之頌。
但得出處真，一用一切用。

二

物以甘柔趨所嗜，茶獨森嚴正其味。
老僧得之其夢圓，張喉引喙欲談禪。
小僧得之忘百慮，挑囊直入茶山去。
僧無老少俱喜茶，問訊武夷仙子家。
待我明年春睡醒，借尒赫源作茶鼎。

三

三昧酒，吃便醉。坐禪時，只瞌睡。
輕輕未可悚動渠，送上茶山渠自會。
見張三，逢李四，把得便行果靈利。
一枝春信有來由，六出飛花不相類。

四

到秀峰，真得地，四方老衲如雲至。
跨著三門酹一杯，換卻眼睛拈卻鼻。
鐵面老禪今健否，家居道舊想安然。
飯香苦，憶伊蒲，饌井冽還思甘露。

五

真鬪九湯雲起雪，貢餘徑寸玉無瑕。
春寒不念山中事，歲歲封題記我家。

六

瓦盆雷動千山曉，橫嶺香傳兩袖風。
添得老禪精彩好，江西一吸兔甌中。

七

今我老無崖險句，送人行不折楊花。
前頭有問又須道，黃面禪和吃釅茶。

八

衲僧手眼親，把得是日用。
左乞建溪茶，右化連江供。
快拈兩條蛇，並作一手弄。
行看臘雪消，便是春雷動。

九

披秀三句二偈，與寵為茶佛事。
法味法樂法財，資神資生資惠。
使於施受之間，而無虛得虛棄。
我亦未證其中，乃就其中出氣。
截卻嬌梵舌根，捩轉衲僧巴鼻。
來者滿與一甌，看伊東倒西醉。
既醉各各起來，門外曉山橫翠。

十

當陽一印妙無文，慚愧東山有子孫。
是聖是凡齊印定，不妨持鉢扣人門。

十一

至辱莫若乞，至樂在無求。
苟得無求旨，雖乞吾何羞。
道人白雲居，心與白雲儔。
明朝出山去，迫夏歸來不？

十二

盡大地是吾檀越，梅花杏花先後發。

綠楊陰下問長安，門門有路皆通達。

祖師禪，活鱍鱍，長秙米飯抄滿缽。

十三

佛子平居觀世間，皆謂圓融無雜壞。

使其應入如所觀，與奪交馳還窒閡。

我嘗行乞今示汝，要得圓成先擊碎。

一毛不立等剎塵，八面俱來無向背。

如採有無於懷中，如問可不於自己。

有無可不非外來，是中欲誰為□喜。

佛子當持此法門，入此界中而示現。

丹山紅爐為汝開，歲晚歸來金百鍊。

十四

道人隨處展家風，酒肆魚行有路通。

但得堂中鹽米辦，吉山佛法自興隆。

十五

佛與眾生舊有緣，入廛一句更為宣。

眼前不用生貪戀，三界無安若火煎。

十六

達人不見塵中隘，為有而今這一解。

長柄笊籬入手來，倒用橫拈風雨快。

南街打到北街頭，東園乞得西園菜。

阿呵呵，也奇怪，他家自有通人愛。

——慧空：《雪峰空和尚外集》，《國家圖書館善本佛典》第 50 冊，第
38～40 頁。

0103. 送僧遊天台

〔宋〕慧空

一

天台五百尊者，吃盡秀峰酸餡。

更引秀峰禪和，盡向橋頭脫賺。

初開盞裏茶花，次散空中燈燗。

分明不是好心，到者以何為驗。

若是具眼高流，一見不勞再勘。

二

天台五百尊者，受盡秀峰供養。

更引秀峰禪和，費他草鞋拄杖。

初說石樑橫空，次誇聖燈明亮。

元來不是好心，只要遞相欺誑。

煩公勘破歸來，領過不消一狀。

——慧空：《雪峰空和尚外集》，《國家圖書館善本佛典》第 50 冊，第 44 頁。

0104. 和劉天啟對牡丹歠茶

〔宋〕慧空

優曇惟時乃現，餘芳得暖爭抽。

誰肯不萌枝上，折來一洗春柔。

小智勞乎刻畫，鈍根溺在薰修。

縱是根同體一，皆為蝶戲蜂遊。

所以南泉一指，頓開陸子雙眸。

披秀因齋慶贊，東山助出茶甌。

不是雲居安樂，絕勝黃檗中洲。

更看年年二月，扁舟逆上春流。

——慧空：《雪峰空和尚外集》，《國家圖書館善本佛典》第 50 冊，第 52 頁。

0105. 甘泉惠石銚鄭才仲以詩見賞次韻酬之

〔宋〕慧空

老空煎茶罷惟石，石有何好空乃惜。

先生嗜好偶然同，我久眼中無此客。

呼童活火煮山泉，旋破小團分五白。

不嫌菌蠢賦龍頭，便覺彌明猶在席。

——慧空：《雪峰空和尚外集》，《國家圖書館善本佛典》第 50 冊，第 54 頁。

0106. 謝龐道惠茶

〔宋〕慧空

冰雪心腸獨老龐，一枝春信果無雙。

茅堂客散薰爐冷，有味無言日轉牕。

——慧空：《雪峰空和尚外集》，《國家圖書館善本佛典》第 50 冊，第 62 頁。

0107. 本老昔住此庵今出世再過山次日出諸偈頌乃和之

〔宋〕慧空

臽溪長柄向來杓，瑞世優曇今日花。

到我住庵無此瑞，只將溪水煮山茶。

——慧空：《雪峰空和尚外集》，《國家圖書館善本佛典》第 50 冊，第 62～63 頁。

0108. 僧上蜀絹毛段不受以偈謝之

〔宋〕慧空

關西毛段蜀川絹，萬里持來恐亦艱。

謝汝殷懃復歸汝，老僧布衲得遮寒。

——慧空：《雪峰空和尚外集》，《國家圖書館善本佛典》第 50 冊，第 63 頁。

0109. 送澤上人

〔宋〕慧空

出入叢林成歲月，養成大樹沒根栽。

東山老矣病且耄，為蔭為涼待後來。

——慧空：《雪峰空和尚外集》，《國家圖書館善本佛典》第 50 冊，第 63 頁。

0110. 容茶頭為本無庵道根頭陀求偈

〔宋〕慧空

道本無根卻有根，根深枝葉遍乾坤。

不知根本深多少，往見頭陀試問看。

——慧空：《雪峰空和尚外集》，《國家圖書館善本佛典》第 50 冊，第 63 頁。

0111. 同公濟沖晦宿靈隱夜晴

〔宋〕契嵩

不睡還烹北苑茶，寒風落盡適來花。

夜深雨過山形出，天靜雲空月色佳。

且喜僧窗晴似畫，莫論人世事如麻。

況陪支許皆能賦，豈厭留詩在碧紗。

——契嵩：《鐔津文集》卷十八，《大正藏》第 52 冊，第 743 頁。

0112. 閉戶

〔宋〕釋文珦

閉戶日無事，山光滿盈幾。

飯餘曲肱睡，一覺頗酣美。

心平不作夢，境寂如止水。

山童為煎茶，茶熟我當起。

——釋文珦：《潛山集》第 4 卷，第 6 頁，《四庫全書》集部·別集類，第 1186 冊，第 323 頁。

0113. 煎茶

〔宋〕釋文珦

吾生嗜苦茗，春山恣攀緣。

采采不盈掬，浥露殊芳鮮。

慮瀆仙草性，崖間取靈泉。

石鼎乃所宜，灌濯手自煎。

擇火亦云至，不令有微煙。

初沸碧雲聚，再沸雪浪翻。

一碗復一碗，盡啜祛憂煩。

良恐失正味，緘默久不言。

須臾齒頰甘，兩腋風颯然。

飄飄欲遐舉，未下盧玉川。

——釋文珦：《潛山集》第 4 卷，第 6 頁，《四庫全書》集部·別集類，第 1186 冊，第 323 頁。

0114. 靈泉篇

〔宋〕釋文珦

高僧誦經經出泉，泉靈不許蛟龍眠。

湛湛長開古明鏡，泠泠暗瀉朱絲絃。

曾說煮茶甘入齒，為是心源功德水。

淵然千古無是非，遮莫放人來洗耳。

——釋文珦：《潛山集》第 5 卷，第 13 頁，《四庫全書》集部·別集類，第 1186 冊，第 335 頁。

0115. 題竹房

〔宋〕釋文珦

野水連苔徑，山雲掩竹房。

人閒清晝永，鳥語綠陰涼。

斷刻排簽古，新茶入焙香。

眼前清事足，不道在殊方。

——釋文珦：《潛山集》第 6 卷，第 17 頁，《四庫全書》集部·別集類，第 1186 冊，第 346 頁。

0116. 焙茶

〔宋〕釋文珦

異荈雲邊得，山房手自烘。

頗思同陸羽，全覺似盧仝。

孤閟當先破，仙靈更可通。

蓬萊知遠近，我欲便乘風。

　　——釋文珦：《潛山集》第 9 卷，第 9 頁，《四庫全書》集部‧別集類，

　　　　第 1186 冊，第 369 頁。

0117. 簣房秋崖來訪不相值後往謝之簣復有詩喜余之至因次其韻

〔宋〕釋文珦

吟車曾到社橋來，不見山人乞食回。

荒沼秋深蓮已謝，寒林冬近菊初開。

句引淵明無酒盞，觀迎元度但茶杯。

尋盟卻喜梅花發，日日論詩坐碧苔。

　　——釋文珦：《潛山集》第 10 卷，第 13 頁，《四庫全書》集部‧別集

　　　　類，第 1186 冊，第 380 頁。

0118. 剡源山房

〔宋〕釋文珦

茅屋小於船，寒宵此會偏。

苦吟因靜得，幽思與閒便。

斷壁棲雲氣，虛窗閉篆煙。

帖殘重補畫，琴老不勝弦。

畫軸塵為古，茶爐火自然。

細泉膠莧腹，凍鶴墮松巔。

石鼓鳴如磬，瓷瓶色類鉛。

雪明燈焰減，風遠漏聲傳。

鼠點窺人走，僮頑背客眠。

骨清神欲脫，興逸語猶顛。

野性終應在，浮名豈足纏。

欲從支遁隱，未有買山錢。

　　——釋文珦：《潛山集》第 12 卷，第 10 頁，《四庫全書》集部‧別集

　　　　類，第 1186 冊，第 396 頁。

0119. 澹雪省園護法指南軒茶話次韻

〔宋〕釋真承

指南靜坐萬緣空，偕有維摩話此中。

竹影蒲團雲入晝，茶香石鼎腋生風。

窺簾桐葉雙眉綠，傍檻芙蓉滿眼紅。

機鈍那堪留玉帶，儼然一會在盧崧。

——澹雪、顧岱、戴明琮等纂輯：《明州岳林寺志》，見杜潔祥主編：
《中國佛寺史志彙刊》第 1 輯第 15 冊，明文書局，1980 年，第
133 頁。

0120. 招福寺作

〔宋〕正宗

自顧不材同社櫟，乘流得坎便為家。

體中不快思讀易，睡思欲來還煮茶。

——厲鶚：《宋詩紀事》第 92 卷，第 29 頁，《四庫全書》集部·詩文
評類，第 1485 冊，第 748 頁。

0121. 摘茶

〔宋〕無文道燦

拈一旗兮放一槍，多從枝葉上搏量。

全身入草全身出，那個師僧無寸長。

——惟康編：《無文道燦禪師語錄》，《卍續藏》第 69 冊，第 815 頁。

0122. 遊雲門 〔註15〕

〔宋〕了元

一陣若邪溪上雨，雨過荷花香滿路。

拖筇縱步入松門，寺在白雲堆裏住。

老僧卻笑尋茶具，旋汲寒泉煮玉乳。

睡魔驚散毛骨清，坐看秦峰秋月午。

〔註15〕亦名《雲門啜茶》。

月明山鳥亂相呼，松杉竹影半窗戶。

今人徹曉憶匡廬，作詩先寄江南去。

——厲鶚：《宋詩紀事》第 92 卷，第 4 頁，《四庫全書》集部·詩文評
類，第 1485 冊，第 736 頁。

0123. 趙州茶頌古編

〔宋〕法應、普會

趙州問新到：「曾到此間麼？」曰：「曾到。」師曰：「吃茶去。」又問僧，僧曰：「不曾到。」師曰：「吃茶去。」後院主問曰：「為甚麼曾到也云吃茶去，不曾到也云吃茶去？」師召院主，主應喏。師曰：「吃茶去。」頌曰：

一

趙州有語吃茶去，天下衲僧總到來。

不是石橋元底滑，喚他多少衲僧回。（汾陽昭）

二

見僧被問曾到此，有言曾到不曾來。

留坐吃茶珍重去，青煙時換綠紋苔。（投子青）

三

趙州有語吃茶去，明眼衲僧皆賺舉。

不賺舉，未相許，堪笑禾山解打鼓。（雲峰悅）

四

曾到還將未到同，趙州依舊展家風。

近來王令關防緊，從此人情總不容。（佛印元）

五

趙州驗人端的處，等閒開口便知音。

覷面若無青白眼，宗風爭得到如今。（黃龍南）

六

一甌茶自振家風，遠近高低一徑通。

未薦清香往來者，誰譜居止院西東。（照覺總）

七

此間曾到不曾到，人義人情去吃茶。
院主不知滋味好，卻來爭看盞中花。（佛國白）

八

叢林宗匠實難加，臨事何曾有等差。
任是新來將舊住，殷勤只是一甌茶。（正覺逸）

九

三等擎甌禮數全，一般平揖更無偏。
石橋破院無珍味，且夾油麻一例煎。（佛慧泉）

十

寶匣龍泉發夜光，寥寥長掛在虛堂。
四來高客如相訪，茶罷休勞話短長。（大溈秀）

十一

趙州吃茶話，自古至及今。
雲開終始口，難保歲寒心。（雲蓋智）

十二

相逢盡道吃甌茶，大抵風流出當家。
休問曾到未曾到，自有行人滿路誇。（疏山常）

十三

驪珠絕纇玉無瑕，馬載驢馱帝子家。
曾到不曾休擬議，與君同泛一甌茶。（羅漢南）

十四

箇中滋味若為論，大展家風說早春。
三度口行人事了，這回莫道不沾唇。（佛鑒勤）

十五

趙州一甌茶，驗盡當行家。
一期雖自好，爭免事如麻。（龍門遠）

十六

趙州滋味最為親，覿面承當有幾人。

三度傳來親切處，馨香滿口又全真。（楚安方）

十七

三等接人喧海宇，一茶驗客播叢林。

高山流水深深意，不是子期誰賞音。（雲岩因）

十八

高下來相訪，只點一甌茶。

人情厭疏淡，骨肉生冤家。

爭似盧仝閉關，自煎吃，發輕汗。

平生不平事，盡向毛孔散。（石磯明）

十九

趙州吃茶，宗門奇特。

到與不到，正白拈賊。（黃龍新）

二十

曾到不曾到，且吃一杯茶。

待客只如此，冷淡是僧家。（牧庵忠）

二十一

曾到吃茶去，未到吃茶去。

趙州老禪和，口甜心裏苦。

心裏苦，直至如今無雪處。（慈受深）

二十二

趙州吃茶，我也怕他。

若非債主，便是冤家。

倚牆靠壁成群隊，不知誰解辨龍蛇。（應庵華）

二十三

百尺竿頭氎布巾，上頭題作酒家春。

相逢不飲空歸去，洞裏桃花笑殺人。（自得暉）

二十四

人來訪趙州，唯道吃茶去。

無端院主不惺惺，更與一甌令醒悟。（本覺一）

二十五

趙州三度吃茶，禾山打鼓難比。

休於句下，尋求識取。

口中滋味若識得，觀音院裏有彌勒。（佛性泰）

二十六

曲盡周遮禮數頻，苦茶何用勸三巡。

鼻中若有通天竅，終不回頭問別人。（文殊道）

二十七

曾到未到，普請吃茶。

口甜似蜜，心毒如蛇。（淳庵淨）

二十八

趙州吃茶，逆拔毒蛇。

虛空落地，鐵樹開花。

夜叉羅刹，彌勒釋迦。

改頭換面無窮數，莫道風流出當家。（普庵玉）

二十九

趙州吃茶去，毒蛇橫古路。

踏著乃知非，佛也不堪作。（松源岳）

三十

趙州老漢熱心腸，一盞粗茶驗當行。

回首路傍橋斷處，白蘋紅蓼映斜陽。（浙翁琰）

三十一

趙州逢人吃茶，誰知事出急家。

反手作雲作雨，順風撒土撒沙。

引得洞山無意智，問佛也道三斤麻。（無禪才）

——法應、普會集：《禪宗頌古聯珠通集》第 20 卷，《卍續藏》第 65
　　冊，第 594～595 頁。

0124. 化茶

〔宋〕弘覺忞

等閒拈出本尋常，七盌風生渴乏忘。

甘露門開無壅塞，管教熱惱出清涼。

——顯權等編：《弘覺忞禪師語錄》第 18 卷，《乾隆藏》第 155 冊，第 350 頁。

0125. 徑山茶湯會首求頌二首

〔宋〕密庵咸傑

一

徑山大施門開，長者慳貪俱破。

烹煎鳳髓龍團，供養千個萬個。

若作佛法商量，知我一狀領過。

二

有智大丈夫，發心貴真實。

心真萬法空，處處無蹤跡。

所謂大空王，顯不思議力。

況復念世間，來者正疲極。

一茶一湯功德香，普令信者從茲入。

——了悟等編：《密庵和尚語錄》，《大正藏》第 47 冊，第 978 頁。

0126. 寄酬邵陽陳朝請

〔宋〕雲蓋本

邵陽太守老禪翁，盡日忘緣與我同。

千里生靈為海眾，一城絃管是家風。

簿書行遣通消息，枷棒分明示苦空。

回顧一盂並一錫，卻慚高臥白雲中。

——師明：《續古尊宿語要》，《卍續藏》第 68 冊，第 439 頁。

0127. 謝靈泉茶

〔宋〕雲蓋本

薦茶一餅占春先，碾罷仍將雪水煎。

盡日清香遶牙齒，爐邊不動見靈泉。

——師明：《續古尊宿語要》，《卍續藏》第 68 冊，第 439 頁。

0128. 夏日山居

〔宋〕道潛

苦筍爭抽豸角，枇杷競吐驪珠。

午飯松間睡足，茶甌滿泛雲腴。

——釋正勉、釋性通：《古今禪藻集》第 10 卷，第 8 頁，《四庫全書》
集部・總集類，第 1416 冊，第 427 頁。

0129. 送因覺先

〔宋〕德洪覺範

南澗茶香笑語新，西洲新漲小舟橫。

困頓人歸爛漫晴，天迴游絲長百尺。

日高飛絮滿重城，一番花信近清明。

——釋正勉、釋性通：《古今禪藻集》第 9 卷，第 15 頁，《四庫全書》
集部・總集類，第 1416 冊，第 422 頁。

0130. 山居

〔宋〕德洪覺範

深谷清泉白石，空齋棐几明窗。

飯罷一甌春露，夢成風雨翻江。

——釋正勉、釋性通：《古今禪藻集》第 10 卷，第 12 頁，《四庫全書》
集部・總集類，第 1416 冊，第 429 頁。

0131. 贈王司法

〔宋〕德洪覺範

輕帆已有渡江期，高會清遊惜此時。

水閣揚煙晴試茗，雪窗剪燭夜論詩。

衝寒遠雁來橫浦，弄色新梅半糁枝。

林下自知無一事，亦應風月動關思。

——釋正勉、釋性通：《古今禪藻集》第 11 卷，第 6 頁，《四庫全書》
集部·總集類，第 1416 冊，第 432 頁。

0132. 觀山茶過回龍寺示邦基

〔宋〕德洪覺範

北窗賞新晴，睡美正清熟。

竹雞斷幽夢，朦朧不能續。

臥聞故人家，山茶已出屋。

欣然一命駕，妍暖快僮僕。

千朵鶴頂紅，染此一叢綠。

坐客例能詩，秀句抵金玉。

攜過回龍寺，堊壁為君錄。

逸筆作波險，欹斜不可讀。

坐驚殷床鍾，暮色眩雙目。

入關更清興，市井亂燈燭。

人生分萬途，稱心良易足。

時平且行樂，餘賓非所欲。

——僧德洪：《石門文字禪》第 3 卷，《嘉興藏》第 23 冊，第 22 頁。

0133. 和曾逢原試茶連韻

〔宋〕德洪覺範

霜鬚瘴面齠齒牙，門前小舟嘗自拿。

茅茨叢竹依壟畬，君來遊時方採茶。

傳呼部曲江路賒，迎門顛倒披袈裟。

仙風照人虔敬加，秀如春露濕蘭芽。

和如東風吹奇葩，馬蹄歸路衝飛花。
青松轉壑登龍蛇，路人聚觀不敢嘩。
詩筒復肯來山家，想見戟門兵衛遮。
湘江玉碾無纖瑕，但聞江空響釣車。
嗟予生計唯摣蝦，安識醉墨翻側麻。
喜如小兒抱秋瓜，宣和官焙囊絳紗。
見之美如癢初爬，愛客自試歡無涯。
身世都忘是長沙，院落日長蜂趁衙。
園林雨足鳴池蛙，詩成句法規正邪。
細窺不容銖兩差，逸群翰墨爭傳誇。
坡谷非子前身耶，沅湘萬古一長嗟。
明年夜直趨東華，應有佳句懷煙霞。

——僧德洪：《石門文字禪》第 5 卷，《嘉興藏》第 23 冊，第 17 頁。

0134. 與客啜茶戲成

〔宋〕德洪覺範

道人要我煮溫山，似識相如病裏顏。
金鼎浪翻螃蟹眼，玉甌絞刷鷓鴣斑。
津津白乳沖眉上，拂拂清風產腋間。
喚起晴窗春畫夢，絕憐佳味少人攀。

——僧德洪：《石門文字禪》第 10 卷，《嘉興藏》第 23 冊，第 621 頁。

0135. 余所居連超然自見軒日多啜茶其上二首

〔宋〕德洪覺範

一

三生事辦吾知要，一室香凝獨掩門。
睡足便驚清畫夜，火紅消盡白灰存。
巷無俗駕蟻紛繞，鄰有高人玉粹溫，
隱比價膺猶可愧，會茶時復到幽軒。

二

功名今古一雞肋，美味那知是禍根。

掃跡世途龜曳尾，僻居煙霧豹埋文。

如期見訪穿窗月，不告而行出岫雲。

火浴未為無伴助，塔吾遺骨尚煩君。

——僧德洪：《石門文字禪》第 10 卷，《嘉興藏》第 23 冊，第 628 頁。

0136. 次韻宿清修寺

〔宋〕德洪覺範

湘山也學廬山好，落瀑聲飛繡谷風。

正欲求歸向兒說，戲將收拾入詩中。

浪驚醉枕寒松響，春滿茶鐺活火紅。

清景骨飛嗟未到，故應唯許夢魂通。

——僧德洪：《石門文字禪》第 10 卷，《嘉興藏》第 23 冊，第 629 頁。

0137. 和童敬重

〔宋〕釋道璨

一

空山木葉下，坐觀不二門。

茶香舌本甘，直探天地根。

兩袖江海風，眼前見夫君。

十年戎馬間，未發詩與文。

二

逐祿士之常，一廉減萬想。

六經在日用，論說漫深廣。

躬行能尺寸，光焰長萬丈。

世波易溺人，外此無保障。

——釋道璨：《柳塘外集》第 1 卷，第 5 頁，《四庫全書》集部·別集
    類，第 1186 冊，第 786 頁。

0138. 紀夢

〔宋〕釋道璨

我不識靈溪，夢向溪邊去。

溪繞屋頭流，橋通溪上路。

軒窗水面開，水清石無數。

煮茶僧請詩，茶香竹當戶。

花箋暈淺紅，霜毫脫毛兔。

引筆信手書，波峭合韻度。

置筆喜語客，眼明失沉痼。

夢覺秋滿床，殘月掛庭樹。

病眩二十年，萬花舞深霧。

夢中能楷書，以我心念故。

人生孰非夢，百年等是寓。

便欲驅車去，傍溪縛茅住。

但恐秋雨來，溪深不可渡。

——釋道璨：《柳塘外集》第 1 卷，第 7 頁，《四庫全書》集部·別集
類，第 1186 冊，第 787 頁。

0139. 和楊在軒劑院

〔宋〕釋道璨

箭下曾親一鵠來，一蓑風雨雪川回。

近詩不逐唐聲變，燕服多依晉樣裁。

竹屋逢僧閒煮茗，梅邊領客慣行杯。

終當夜直金鑾去，要試平生倚馬才。

——釋道璨：《柳塘外集》第 1 卷，第 18 頁，《四庫全書》集部·別集
類，第 1186 冊，第 793 頁。

0140. 病起和徐處士並寄致軒二首

〔宋〕釋道璨

一

臥聞開到碧桃花，病起情懷屬自家。

報到春風無可得，呼童洗鼎煮新茶。

二

讀易年深眼易花，尚餘心力到詩家。

日長更有幽憂病，臨罷蘭亭品建茶。

——釋道璨：《柳塘外集》第 1 卷，第 25 頁，《四庫全書》集部·別集類，第 1186 冊，第 796 頁。

0141. 與客啜茶戲成

〔宋〕僧惠洪

道人要我煮溫山，似識相如病裏顏。

金鼎浪翻螃蟹眼，玉甌絞刷鷓鴣斑。

津津白乳衝眉上，拂拂清風產腋間。

喚起晴窗春晝夢，絕憐佳味少人攀。

——張玉書：《御定佩文齋詠物詩選》第 244 卷，第 21～22 頁，《四庫全書》集部·總集類，第 1433 冊，第 562～563 頁。

0142. 西湖雜感詩 〔註16〕

〔宋〕孤山智圓

鑿得新泉古砌頭，煮茶滋味異常流。

夜來閒看澄明性，天上無雲月正秋。

——智圓：《閒居編》第 42 卷，《卍續藏》第 56 冊，第 928 頁。

〔註16〕《西湖雜感詩》共二十首，此處錄第二十。

0143. 寄圓長老

〔宋〕孤山智圓

澹慮棲幽境，閒將水石鄰。

信衣傳往祖，禪語示來人。

晚屋茶煙細，晴軒嶽翠勻。

相懷獨南望，林木又經春。

——智圓：《閒居編》第 43 卷，《卍續藏》第 56 冊，第 929 頁。

0144. 食新茶

〔宋〕永頤

自向山中來，泉石足幽弄。

茶經猶掛壁，庭草積已眾。

拜先俄食新，香凝雲乳動。

心開神宇泰，境豁謝幽夢。

至味延冥邈，靈爽脫塵鞚。

靜語生雲雷，逸想超鸞鳳。

飽此岩壑真，清風願邈送。

——張豫章等編：《御選宋金元明四朝詩·御選宋詩卷》第 24 卷，第
39 頁，《四庫全書》集部·總集類，第 1437 冊，第 487 頁。

0145. 茶爐

〔宋〕永頤

煉泥合瓦本無功，火暖常留宿炭紅。

有客適從雲外至，小瓶添水作松風。

——永頤著：《雲泉詩集》，《汲古閣景宋鈔南宋群賢六十家小集》第 7
冊，群碧樓藏本，第 13 頁。

0146. 西峰日暮

〔宋〕永頤

手攜一束書，秋風獨來此。

松深夜月清，水冷芙蓉死。

懶於簷下讀，兩眼懸秋水。

時看澗鼠來，食我山茶子。

——厲鶚：《宋詩紀事》第 93 卷，第 18 頁，《四庫全書》集部·詩文評類，第 1485 冊，第 767 頁。

0147. 施茶圓滿

〔宋〕普明香嚴〔註17〕

吃茶已得露金風，撲破盤甌任所從。

更有一機須了卻，好教秋月掛青松。

——明耀編：《香嚴禪師語錄》，《嘉興藏》第 38 冊，第 622 頁。

0148. 募造橋亭施茶

〔宋〕普明香嚴

渡過橋來吃茶去，普明何似趙州橋。

勸君會取其中意，打破慳囊入勝招。

——明耀編：《香嚴禪師語錄》，《嘉興藏》第 38 冊，第 622 頁。

0149. 山居偈

〔宋〕普明香嚴

孤雲一點繞莓苔，嗼雀爭枝墜拂開。

把茗細看幽興動，口頭詩句偶然來。

——明耀編：《香嚴禪師語錄》，《嘉興藏》第 38 冊，第 623 頁。

0150. 招友

〔宋〕普明香嚴

花竹頓開幽徑曲，茶烹偶得紫茸香。

清談莫負池邊石，觸暑能來卻有涼。

——明耀編：《香嚴禪師語錄》，《嘉興藏》第 38 冊，第 624 頁。

〔註17〕此「香嚴」為浙江普明寺的「普明香嚴」，是清初名僧「費隱通容」的嗣法弟子，主要活躍於康熙年間。實非唐代之「香嚴智閒」。

0151. **佛聖水**

〔宋〕普明香嚴

非泉非澗亦非潭，石角坳邊一掬甘。

欲汲清新試佳茗，客中宜玩不宜貪。

——明耀編：《香嚴禪師語錄》，《嘉興藏》第 38 冊，第 624 頁。

0152. **崇壽院**

〔宋〕釋希坦

踏破蒼苔徑，幽居在嶺巔。

亭臺清映月，松竹淡籠煙。

佳客才登席，高僧忽起禪。

呼童急煎茗，新汲白龜泉。

——陳岩：《九華詩集·附釋希坦詩》，第 2 頁，《四庫全書》集部·別
集類，第 1189 冊，第 712 頁。

0153. **山居茶意**

〔元〕石屋清珙

一

紙窗竹屋槿籬笆，客到蒿湯便當茶。

多見清貧長快樂，少聞濁富不驕奢。

看經移案就明月，供佛簪瓶折野花。

盡說上方兜率好，如何及得老僧家。

二

三十餘年住崦西，钁頭邊事不吾欺。

一園春色熟茶筍，數樹秋風老栗梨。

山頂月明長嘯夜，水邊雲暖獨行時。

舊交多在名場裏，竹戶長開待阿誰。

三

幽居自與世相分，苔厚林深草木薰。

山色雨晴常得見，市聲朝暮罕曾聞。

煮茶瓦灶燒黃葉，補衲岩臺剪白雲。
人壽希逢年滿百，利名何苦競趨奔。

四

入得山來便學呆，尋常有口懶能開。
他非莫與他分辨，自過應須自剪裁。
瓦灶通紅茶已熟，紙窗生白月初來。
古今誰解輕浮世，獨許嚴陵坐釣臺。

五

細把浮生物理推，輸贏難定一盤棋。
僧居青嶂閒方好，人在紅塵老不知。
風颺茶煙浮竹榻，水流花瓣落青池。
如何三萬六千日，不放身心靜片時。

六

一钁足生涯，居山道者家。
有功惟種竹，無暇莫栽華。
水碓夜舂米，竹籠春焙茶。
人間在何處，隱隱見桑麻。

七

好山千萬疊，屋占最高層。
減塑三尊佛，長明一碗燈。
鍾敲寒夜月，茶煮石池冰。
客問西來意，惟言我不能。

八

滿山筍蕨滿園茶，一樹紅花間白花。
大抵四時春最好，就中猶好是山家。

九

長年心裏渾無事，每日庵中樂有餘。
飯罷濃煎茶吃了，池邊坐石數遊魚。

十

粥去飯來茶吃了，開窗獨坐看青山。
細推百億閻浮界，白日無人似我閒。

十一

禪餘高誦寒山偈，飯後濃煎穀雨茶。
尚有閒情無著處，攜籃過嶺採藤花。

十二

山名霄幕泉天湖，卜居記得壬子初。
山頭有塊臺磐石，宛如出水青芙蕖。
更有天湖一泉水，先天至今何曾枯。
就泉結屋擬終老，田地一點紅塵無。
外面規模似狹窄，中間取用能寬舒。
碧紗如煙隔金像，雕盤沉水凌天衢。
蒲團禪椅列左右，香鍾雲板鳴朝晡。
瓷罌土種吉祥草，石盆水養龍湫蒲。
飯香粥滑山田米，瓜甜菜嫩家園蔬。
得失是非都放卻，經行坐臥無相拘。
有時把柄白塵拂，有時持串烏木珠。
有時歡喜身舞蹈，有時默坐觜盧都。
懶舉西來祖意，說甚東魯詩書。
自亦不知是凡是聖，他豈能識是牛是驢。
客來未暇陪說話，拾枯先去燒茶爐。
紅香旖旎，春華開敷。
清陰繁茂，夏木翳如。
岩桂風前喚回山谷，梅花雪裏清殺林逋。
人間無此真樂，山中有甚凶虞。
也不樂他輕輿高蓋，也不樂他率眾匡徒。
也不樂他西方極樂，也不樂他天上淨居。
心下常無不足，目前觸事有餘。
夜籟合樂，曉天升烏。

戲魚翻躍，好鳥相呼。

路通玄以幽遠，境超世而清虛。

騷人盡思吟不成句，丹青極巧畫不成圖。

獨有淵明可起予，解道吾亦愛吾廬。

山中居，沒閑時，無人會，惟自知。

繞山驅竹覓寒水，擊石取火延朝炊。

香粳旋舂柴旋斫，砂鍋未滾涎先垂。

開畲未及種紫芋，鋤地更要栽黃箕。

白日不得手腳住，黃昏未到神思疲。

歸來洗足上床睡，困重不知山月移。

隔林幽鳥忽喚醒，一團紅日懸松枝。

今日明日也如是，來年後年還如斯。

春草離離，夏木葳葳。

秋雲片片，冬雪霏霏。

虛空落地須彌碎，三世如來脫垢衣。

十三

老來腳力不勝鞋，竹杖扶行步落華。

待月伴雲眠蘚石，尋梅陪客過鄰家。

粥香瓦缽山田米，雪泛瓷甌水磨茶。

今日為翁時暫出，此心長只在煙霞。

十四

自嗟業繫在娑婆，一度尋思一歎嗟。

世上多逢人面虎，山中少見佛心蛇。

禦寒補衲裁荷葉，遣睡煎茶煮瀑華。

老拙背時酬應懶，不能從命出煙霞。

——至柔等編：《福源石屋珙禪師語錄》第 2 卷，《卍續藏》第 70 冊，
　　第 665～673 頁。

0154. 憩青蓮寺

〔元〕圓至

花磚凝潤午風涼，日影鶯聲睡思長。

一陣打窗山雨過，忽聞滿閣焙茶香。

——釋圓至：《牧潛集》第 1 卷，第 11 頁，《四庫全書》集部·別集類，第 1198 冊，第 114 頁。

0155. 師子林即景二首

〔元〕大如惟則

一

灶兒深夜誦蓮華，月度牆西檜影斜。

經罷轆轤聲忽動，汲泉自試雨前茶。

二

有客來求警策歌，歌成斂念入禪那。

茶童催我下樓去，樓下新來客更多。

——天如惟則：《師子林天如和尚語錄》第 5 卷，《卍續藏》第 70 冊，第 802 頁。

0156. 山居四景

〔元〕天如惟則

茶罷焚香獨坐時，金蓮水滴漏聲遲。

夜深欲睡問童子，月上梅花第幾枝。

——性音：《禪宗雜毒海》第 8 卷，《卍續藏》第 65 冊，第 96 頁。

0157. 山居

〔元〕了堂惟一

平面似床松下石，傴枝成蓋石邊松。

無心道者眉如雪，煮得茶香分外濃。

——文度、文朗等編：《了堂和尚語錄》第 3 卷，《卍續藏》第 71 冊，第 476 頁。

0158. 析雪竇迷悟相反偈

〔元〕了堂惟一

莫謂乾坤乖大信，古今毫髮不曾差。

趙州猶自婆心切，凡見僧來喚吃茶。

——文度、文朗等編：《了堂和尚語錄》第 3 卷，《卍續藏》第 71 冊，
　　第 476 頁。

0159. 追和古德雜言同韻

〔元〕了堂惟一

老屋深雲養宿痾，黃連石蜜幾嘗過。

罷拈藤杖勘禪侶，閒把茶甌敵睡魔。

一剎那間猶是久，盡恒沙數未為多。

翠岩一見慈明後，便有滔天逆水波。

——文度、文朗等編：《了堂和尚語錄》第 3 卷，《卍續藏》第 71 冊，
　　第 482 頁。

0160. 寄無照

〔元〕釋善住

不向峨峰住，還尋舊隱歸。

蒼苔生地遍，白日出門稀。

竹月侵虛幾，茶煙上淨衣。

江湖曾有約，願子莫相違。

——釋善住：《谷響集》第 1 卷，第 7 頁，《四庫全書》集部·別集類，
　　第 1195 冊，第 663 頁。

0161. 書無學壁

〔元〕釋善住

淨室焚香坐，心將萬境空。

夜窗山月白，曉殿佛燈紅。

無夢到天上，有書來海東。

煮茶迎道侶，石鼎響松風。

——釋善住：《谷響集》第 1 卷，第 7～8 頁，《四庫全書》集部・別集
類，第 1195 冊，第 663～664 頁。

0162. 治平寺

〔元〕釋善住

野寺知名久，因來得暫登。

澗松風瑟瑟，山路石層層。

雲護看經室，紗籠照像燈。

幽人終解事，煮茗接閒僧。

——釋善住：《谷響集》第 1 卷，第 16 頁，《四庫全書》集部・別集
類，第 1195 冊，第 668 頁。

0163. 清明山行次韻

〔元〕釋善住

灌木莫鴉繁，遊人取次還。

清泉煮茗菊，高竹掛衣攀。

雲葉墮平地，松濤起半山。

塵埃日擾擾，浮世有誰閒。

——釋善住：《谷響集》第 1 卷，第 29～30 頁，《四庫全書》集部・別
集類，第 1195 冊，第 674～675 頁。

0164. 齋居次韻

〔元〕釋善住

蕭齋掩深晝，四坐淨無埃。

汲井青衣出，烹茶白足來。

瓦爐連佛燭，搽拂近香臺。

隱計還應遂，山圖莫浪開。

——釋善住：《谷響集》第 1 卷，第 30～31 頁，《四庫全書》集部・別
集類，第 1195 冊，第 675 頁。

0165. 秋懷〔註18〕

〔元〕釋善住

茶香醒午夢，爐篆散窗風。

淮北傷秋水，江南見蚤鴻。

暢懷非麴蘗，遣興有絲桐。

久雨晴何日，青山杳靄中。

——釋善住：《谷響集》第 1 卷，第 31 頁，《四庫全書》集部 · 別集
類，第 1195 冊，第 675 頁。

0166. 再用前韻酬無功〔註19〕

〔元〕釋善住

出門何所適，清坐掩蕭齋。

圖史有真味，塵埃無好懷。

蛛絲連遠樹，蝸篆滿空階。

擬共烹新茗，井渾泉未佳。

——釋善住：《谷響集》第 1 卷，第 36 頁，《四庫全書》集部 · 別集
類，第 1195 冊，第 678 頁。

0167. 春日雜興三首

〔元〕釋善住

一

力疾坐圓蒲，清香炷瓦爐。

春寒欺鶴骨，古雪壓犀顱。

水暖龜魚樂，泥融草木蘇。

驅馳漫勞苦，莫廢靜工夫。

二

陶令官彭澤，旋聞炊黍香。

〔註18〕《秋懷》共十首，此錄其二。

〔註19〕前韻為《西齋聽雨》：雨聲來不斷，故故並西齋。事往添幽夢，年衰減壯懷。
潦深猶有路，草長欲無階。想得南薰至，還應天氣佳。

功名比雞肋，世路劇羊腸。

桑海雖新變，琴尊只舊忙。

終期隨化盡，松菊老潯陽。

三

山中三十年，枕石抱雲眠。

南嶽煨黃獨，東林種白蓮。

碗香供茗飲，簾暖護柴煙。

俯仰人間世，清風有昔賢。

——釋善住：《谷響集》第 1 卷，第 39 頁，《四庫全書》集部・別集
類，第 1195 冊，第 679 頁。

0168. 茶屋

〔元〕釋善住

清心修茗事，淨室掩春風。

瓶瀉嵩泉碧，童敲石火紅。

杯鐺今陸羽，文字老盧仝。

俗客何由至，塵埃路不通。

——釋善住：《谷響集》第 1 卷，第 42 頁，《四庫全書》集部・別集
類，第 1195 冊，第 681 頁。

0169. 松下談玄畫軸

〔元〕釋善住

松頭風寂寞，松下客淹留。

話到天人際，能令神鬼愁。

碗香溪茗熟，嵩響野泉流。

老怯攀躋倦，晴窗得臥遊。

——釋善住：《谷響集》第 1 卷，第 44 頁，《四庫全書》集部・別集
類，第 1195 冊，第 682 頁。

0170. 次韻無及長老

〔元〕釋善住

蓬蓽棲遲亦有年，了無榮辱願誰憐。

道林解講猶騎馬，魯望能詩卻寄船。

苔壁晝深蟲弔寂，紙窗秋破鳥窺禪。

焚香煮茗皆吾樂，豈但清閒便屬仙。

——釋善住：《谷響集》第 2 卷，第 21 頁，《四庫全書》集部‧別集類，第 1195 冊，第 694 頁。

0171. 己未歲感事二首

〔元〕釋善住

一

心攢百感鄉空書，此日才同少水魚。

曠野有風傷晚稻，荒園無雨減秋蔬。

東林泉石容高道，南嶽煙蘿尚獨居。

縱使聲華動京邑，未知何地樂耕鋤。

二

野徑秋深葉滿苔，豈堪塵跡此中來。

階前蟻陳沖還破，花底蜂程挽莫回。

童子已提沽酒器，山翁猶奉注茶杯。

長松怪石渾依舊，相對何由笑口開。

——釋善住：《谷響集》第 2 卷，第 22～23 頁，《四庫全書》集部‧別集類，第 1195 冊，第 695 頁。

0172. 庚申歲莫〔註20〕三首

〔元〕釋善住

是非無定底須聽，飽食遊譚更不經。

髮短意長猶困學，智生毫及漫勞形。

〔註20〕「莫」通「暮」。

松濤袞袞翻茶鼎，梅雪紛紛落瓦瓶。〔註21〕

門外數峰天削出，亂暉東旭倚空青。

江郭陰寒天未晴，歲華拋擲又遲徵。

蟄雷失序先春動，野雉知時鄉曉鳴。

草木自堪同臭腐，雪霜何必苦從衡。

謝公心雜陶公醉，負卻匡山白社盟。

強顏求舊情還異，枉已攀緣執必乖。

白雪豈傷侵紺髮，黃埃唯恐涴青鞋。

倚松閒看雲生石，掩室幽聞葉墮階。

無用散材何所適，布衣蔬食老巔涯。

——釋善住：《谷響集》第 2 卷，第 26～27 頁，《四庫全書》集部·別
集類，第 1195 冊，第 697 頁。

0173. 春晚

〔元〕釋善住

矮窗日月無今古，閉戶爭知春去來。

清鏡靜臨多白髮，好花閒看半蒼苔。

蠅傳鼓吹池塘雨，茶展槍旗澗壑雷。

海燕未回寒尚在，暮雲重疊鎖崔嵬。

——釋善住：《谷響集》第 2 卷，第 33 頁，《四庫全書》集部·別集類，
第 1195 冊，第 700 頁。

0174. 寄弘道書記

〔元〕釋善住

閒愁不入酒杯中，落魄江湖似轉蓬。

鶴髮歸來風月在，錦心吐出語言工。

芭蕉葉大窗全綠，芍藥花開砌半紅。

咫尺林泉滯形跡，對床煎茗幾時同。

——釋善住：《谷響集》第 2 卷，第 33 頁，《四庫全書》集部·別集類，
第 1195 冊，第 700 頁。

〔註21〕「袞袞」據原典錄，今應為「滾滾」。

0175. 山中三首

〔元〕釋善住

一

岩屋棲遲信有年，豈同魚鳥樂天淵。

身閒尚不耽閒味，地靜何嘗住靜緣。

林下晝營燒筍火，石間時引煮茶泉。

菜畦香爐青煙散，月滿松頭鶴未眠。

二

萬事無求心便安，莫論人世道途難。

風聲繞樹夜將半，月色到窗燈未殘。

峭壁倚天蒼蘚古，斷厓飛瀑白雲寒。

饑餐困臥隨緣過，跰足何勞作野盤。

——釋善住：《谷響集》第 2 卷，第 34 頁，《四庫全書》集部・別集類，第 1195 冊，第 701 頁。

三〔註22〕

寂寥空谷久相容，行道何須向別峰。

山腹引泉同煮茗，嶺頭乘雨為栽松。

倚天傑閣巢靈鶴，徹海澄潭臥毒龍。

樵客豈能知住處，草堂終日白雲封。

——釋善住：《谷響集》第 2 卷，第 45～46 頁，《四庫全書》集部・別集類，第 1195 冊，第 707 頁。

0176. 新居次韻山村先生

〔元〕釋善住

天地茫茫喜定居，莫年應是惜三餘。

青燈不作前朝夢，白首猶觀後世書。

遼海舊傳千歲鶴，謝池今見九洲魚。

〔註22〕此第三首本另在他處，因同名《山中》，故合錄為三首。

清風朗月皆疇侶，鬻茗焚香足晏如。

——釋善住：《谷響集》第 2 卷，第 42 頁，《四庫全書》集部・別集
類，第 1195 冊，第 705 頁。

0177. 寄如鏡師三首
〔元〕釋善住

一

風雨青燈夜對床，月團曾試竹爐湯。
無因移並皋橋住，不得同師上講堂。

二

綠琴欲奏聽人，稀掃地焚香且掩扉。
春色坐看風雨盡，繚垣重疊長苔衣。

三

稠綠疏紅映短垣，斷雲零雨暗西園。
日長吟罷無餘事，臥聽松櫚鳥雀喧。

——釋善住：《谷響集》第 3 卷，第 29～30 頁，《四庫全書》集部・別
集類，第 1195 冊，第 722～723 頁。

0178. 陽山道中二首
〔元〕釋善住

泰定甲子二月初九日，余與友人圓大虎遊陽山北阜。過尊相寺，聞有
禪者縛屋峰頂，遂捫蘿而上。至雲泉亭，掬而飲焉，甘涼可啜。得禪者於
石室中，為余相勞苦，煮茗為供。既而語散，殘陽已掛樹梢矣。因以二絕
紀之。

一

一掬雲泉漱齒涼，小亭幽絕背山陽。
道人自向峰頭住，閉戶不知春日長。

二

雨餘春潤水爭分，野雉雙飛過古墳。

眼見人家住深塢，梅花繞屋不開門。

——釋善住：《谷響集》第 3 卷，第 38 頁，《四庫全書》集部·別集類，第 1195 冊，第 727 頁。

0179. 春日雜興〔註23〕

〔元〕釋善住

閒房深掩靜無嘩，石銚濃煎飯後茶。

但見玉英飛滿地，不知何處落來花。

——釋善住：《谷響集》第 3 卷，第 38～39 頁，《四庫全書》集部·別集類，第 1195 冊，第 727 頁。

0180. 答白雲見寄四首

〔元〕釋善住

泰定甲子歲二月初二日，予與諸公送白雲，間赴陽山福嚴精舍，翻閱藏教，然影不出山者，三年始可訖事。予時與之言別，因謂白雲，岩桂花開，又當候予於此。天及秋，予以書經不果，往云以二詩見促，遂倚韻答之。

一

巾瓶欣得寓煙霞，繞屋青山引貫花。

早晚杖藜終赴約，夜床毋惜建溪茶。

二

駒隙光陰信有涯，遁身嵓壑似蓮花。

篆煙嫋碧經初夢，童子開簾已送茶。

三

山院秋風丹桂開，同人訝我未能來。

豈知自寫金仙教，終日閒門掩綠苔。

四

閶闔門西帆曉開，我儂猶憶送君來。

[註23]《春日雜興》共八首，此錄其五。

想應舊日曾行跡，荒落鳴蟲半是苔。

——釋善住：《谷響集》第 3 卷，第 41～42 頁，《四庫全書》集部·別
　　集類，第 1195 冊，第 728～729 頁。

0181. **次韻答無功見寄**〔註24〕

〔元〕釋善住

漆鬢霜侵曉鏡新，敝袍勤拂舊埃塵。

瓦瓶分得松陵水，石鼎先烹顧渚春。

——釋善住：《谷響集》第 3 卷，第 54 頁，《四庫全書》集部·別集
　　類，第 1195 冊，第 735 頁。

0182. **留題惠山寺**

〔元〕中峰明本

惠山屹立千仞青，俯瞰天地鴻毛輕。

七竅既鑿渾沌死，九龍攪霧雷神驚。

霹靂聲中白石裂，銀泉迸出青鉛穴。

惟恨當年桑苧翁，玉浪翻空煮春雪。

何如跨龍飛上天，並與挈過崑崙巔。

散作大地清涼雨，免使蒼生受辛苦。

我來扣泉泉無聲，一曲冷光沈萬古。

殿前風檜翏然鳴，日暮山靈打鍾鼓。

——釋正勉、釋性通：《古今禪藻集》第 14 卷，第 2 頁，《四庫全書》
　　集部·總集類，第 1416 冊，第 452 頁。

0183. **示祖禪人**

〔元〕中峰明本

祖師來，萬象森羅活眼開。

淨法界身全體露，香匙茶盞舞三臺。

你若有眼看不見，提起話頭須勇健。

十二時中不暫停，千劫直教無轉變。

忽然冷地驀相逢，鐵壁銀山有路通。

有問西來祖師意，平叉兩手惟當胸。

　　——中峰明本：《天目明本禪師雜錄》，《卍續藏》第 70 冊，第 739 頁。

0184. 雍熙寺訪友不遇

〔元〕釋良琦〔註25〕

暇目遠相問，古寺幽且深。

青苔餘花落，雙樹一鶯吟。

爐存散微篆，茗熟獨成斟。

明當持山酒，慰子客居心。

　　——錢穀：《吳都文粹續集》第 31 卷，第 5 頁，《四庫全書》集部·總
　　　集類，第 1386 冊，第 55 頁。

0185. 雪夜

〔元〕釋英

清夜無錢沽酒，折鐺獨自煎茶。

門外雪深三尺，只愁凍損梅花。

　　——釋英：《白雲集》第 1 卷，《四庫全書》集部·別集類，第 1192 冊，
　　　第 667 頁。

0186. 呈林且翁隱居

〔元〕釋英

公車徵不起，高枕白雲眠。

五字詩中妙，一名天下傳。

書窗分夜月，茶灶出晴煙。

冷淡生涯足，梅花繞屋邊。

　　——釋英：《白雲集》第 1 卷，《四庫全書》集部·別集類，第 1192 冊，
　　　第 668 頁。

〔註25〕一作釋祖栢。

0187. 山居

〔元〕釋英

古書堆滿架，柏子當香燒。

好句無心得，閒愁轉眼消。

野茶和月煮，畦韭帶春挑。

賴有天知我，生來懶折腰。

——釋英：《白雲集》第 2 卷，《四庫全書》集部·別集類，第 1192 冊，
　　第 672 頁。

0188. 簡魏文憲 〔註26〕

〔元〕釋大圭

林居長閉戶，無意傍青雲。

此客人間少，杯茶松下分。

神山誇獨步，連率借多聞。

歲晚來同社，匡時早策勳。

——釋大圭：《夢觀集》第 3 卷，《四庫全書》集部·別集類，第 1215
　　冊，第 245 頁。

0189. 王丞石泉

〔元〕釋大圭

白石叢叢屋上山，泉聲一道碧雲間。

十分如練月同色，萬古不痕天照顏，

靜夜竹齋知雨意，清秋茶鼎共僧閒。

甘寒可濯功名念，公子青袍鬢未斑。

——釋大圭：《夢觀集》第 3 卷，《四庫全書》集部·別集類，第 1215
　　冊，第 248 頁。

〔註26〕《簡魏文憲》共二首，此錄其二。

0190. 百丈道恒禪師三訣因緣

〔明〕明雪

吃茶珍重歇，時人眼中屑。

若喚作三訣，重添第二月。

穿衣裹腳下禪床，運水搬柴知時節。

——明雪：《入就瑞白禪師語錄》第 9 卷，《嘉興藏》第 26 冊，第 783 頁。

0191. 過香柏峰同達虛坐月茶次即事

〔明〕明雪

扶笻陟險過峰前，香柏烹茶問妙玄。

明月一輪東嶺上，談禪不用老僧宣。

——明雪：《入就瑞白禪師語錄》第 12 卷，《嘉興藏》第 26 冊，第 797 頁。

0192. 傳衣寺同大錯和尚製茶

〔明〕無盡

掇取溪嵐鶯嘴芽，火中生熟調丹砂。

臼聲搗落三更月，空外雲英片片賒。

陸羽在時鐘此好，重滅梁鴻已滅灶。

誰能日噉溝中水，舌上蓮花從不到。

予今行腳遇趙州，門前之水向西流。

不重此茶重此水，欲覓陽羨當何求。

——明·錢邦纂，清·范承勳增補：《雞足山寺志》第 10 卷·藝文，見杜潔祥主編：《中國佛寺史志彙刊》第 3 輯第 1 冊《雞足山志》，丹青圖書公司，1985 年，第 741 頁。

0193. 蘭陀寺

〔明〕如一（恒如）

雲壑溟無極，精藍隱不知。

開花迷鶴徑，飲水共龍池。

唄語翻經處，茶煙入定時。

高僧衣缽在，客到未雲遲。

——明·錢邦纂，清·范承勳增補：《雞足山寺志》第 10 卷·藝文，
見杜潔祥主編：《中國佛寺史志彙刊》第 3 輯第 1 冊《雞足山志》，
丹青圖書公司，1985 年，第 762 頁。

0194. 晚步缽盂庵

〔明〕大錯

泉聲何處咽，落葉滿溪梁。

燈影明虛殿，松陰冷石床。

茶煙山翠合，花雨屐痕香。

回首寒鴉亂，千峰遞夕陽。

——明·錢邦纂，清·范承勳增補：《雞足山寺志》第 10 卷·藝文，
見杜潔祥主編：《中國佛寺史志彙刊》第 3 輯第 1 冊《雞足山志》，
丹青圖書公司，1985 年，第 763 頁。

0195. 山齋晚坐

〔明〕大錯

一

晴嵐半隱松溪，落照斜穿竹塢。

林外疏鍾數聲，窗下茶煙一縷。

二

好花半落苔徑，山鳥亂噪繁枝。

窗外夜來風雨，老僧高臥不知。

——明·錢邦纂，清·范承勳增補：《雞足山寺志》第 10 卷·藝文，
見杜潔祥主編：《中國佛寺史志彙刊》第 3 輯第 1 冊《雞足山志》，
丹青圖書公司，1985 年，第 851 頁。

0196. 松下煮茶

〔明〕大錯

石鼎新茸自煎，茶響松濤相亂。

白鶴飛來一雙，幽事居然分半。〔註27〕

——明·錢邦纂，清·范承勳增補：《雞足山寺志》第 10 卷·藝文，見杜潔祥主編：《中國佛寺史志彙刊》第 3 輯第 1 冊《雞足山志》，丹青圖書公司，1985 年，第 850 頁。

0197. 山居

〔明〕大錯

竹樹參差映戶幽，酒爐茶竈也風流。

行人多有迷津者，莫向前溪繫釣舟。

——明·錢邦纂，清·范承勳增補：《雞足山寺志》第 10 卷·藝文，見杜潔祥主編：《中國佛寺史志彙刊》第 3 輯第 1 冊《雞足山志》，丹青圖書公司，1985 年，第 864 頁。

0198. 種茶

〔明〕淨現

乞得蒙山一段春，將來深種白雲根。

每從雨後頻芟草，待摘新芽醒夢魂。

——本致輯：《象田即念禪師語錄》，《嘉興藏》第 27 冊，第 178 頁。

0199. 雨後過雲公問茶事

〔明〕居節

雨洗千山出，氤氲綠滿空，

開門飛燕子，吹面落花風。

野色行人外，經聲流水中。

因來問茶事，不覺過雲東。

——張玉書：《御定佩文齋詠物詩選》第 244 卷，第 14 頁。《四庫全書》集部·總集類。第 1433 冊，第 559 頁。

〔註27〕「然」此處同「然」。

0200. 山中送張李兩公回賓川〔註28〕

〔明〕古笑

溪灣方送別，薄暮復相思。

窗外松聲冷，庭前月影移。

烹茶留宿火，獨坐寫新詩。

欲問重遊事，春風待子期。

——明‧錢邦纂，清‧范承勳增補：《雞足山寺志》第 10 卷‧藝文，
見杜潔祥主編：《中國佛寺史志彙刊》第 3 輯第 1 冊《雞足山志》，
丹青圖書公司，1985 年，第 777 頁。

0201. 晚步缽盂庵

〔明〕學蘊（知空）

夕陽風色好，扶杖且閒遊。

問寺知蘭若，逢僧非貫休。

梅花青竹塢，松影暗山樓。

茶並盧仝興，徘徊月亦留。

——明‧錢邦纂，清‧范承勳增補：《雞足山寺志》第 10 卷‧藝文，
見杜潔祥主編：《中國佛寺史志彙刊》第 3 輯第 1 冊《雞足山志》，
丹青圖書公司，1985 年，第第 787 頁。

0202. 古雪煮茶

〔明〕古雪哲（真哲）

瓦銚聲銷翻浪白，瓷甌氣吐見香清。

睡魔縱在眉端上，一到唇邊雙眼明。

——傳我等編：《古雪哲禪師語錄》第 17 卷，《嘉興藏》第 28 冊，第
387 頁。

〔註28〕原題標為「前題」，其「前題」為許謨之《山中送張李兩公回賓川》，故校
錄。

0203. **白眾**

〔明〕古雪哲

千指同商茗一杯，碧池特地為誰開。

殺機斷盡生機活，今古無煩問劫灰。

——傳我等編：《古雪哲禪師語錄》第 19 卷，《嘉興藏》第 28 冊，第 397 頁。

0204. **溪示**

〔明〕青原愚者智〔註29〕

翠屏把住水雷奔，收入茶爐蟹眼吞。

噴雪軒中肝膽句，西風為我掃蓬門。

——興斧編：《青原愚者智禪師語錄》，《嘉興藏》第 34 冊，第 832 頁。

0205. **題醉茶庵贈念庸庵主**

〔明〕石雨明方

意思道忽絕，醒極卻如狂。

所以趙州老，一言千古忙。

主亦何攸往，明珠嘗自藏。

長夜棲遲者，寧辭驚異光。

解醒既須酒，茶醉非荒唐。

不息參尋客，長安在路傍。

——淨柱編：《石雨禪師法檀》第 14 卷，《嘉興藏》第 27 冊，第 130 頁。

0206. **遊五泄初渡**

〔明〕石雨明方

廿年遊五泄，漁浦得初渡。

臨浦江更幽，食乞秋田富。

潮下魚蝦多，稚子泥沙臥。

棲真寺裏僧，袖香踏江路。

〔註29〕即出家後的方以智。

日暮肩輿歸，說法因茶故。

茶醉人心醒，達者妙於悟。

世界總不寧，此何獨安坐。

奮此遊山身，竟若桃源誤。

——淨柱編：《石雨禪師法檀》第 14 卷，《嘉興藏》第 27 冊，第 130 頁。

0207. 施茶庵

〔明〕石雨明方

各到便請吃茶去，趙州昔日嘴頭禪。

兒孫近代成狼籍，處處為人種福田。

——明方：《石雨禪師法檀》第 15 卷，《嘉興藏》第 27 冊，第 132 頁。

0208. 答昌基陳居士來韻

〔明〕石雨明方

一曲春先已落梅，為誰搽抹強登臺。

旗峰未展機如電，鼓石方撾吼似雷。

香啜數甌茶盡醉，光吞萬井月初開。

夢回卜夜成多事，鐵笛敲殘惹鳳來。

——明方：《石雨禪師法檀》第 5 卷，《嘉興藏》第 27 冊，第 134 頁。

0209. 蓄翠泉

〔明〕石雨明方

苔影寒不留，烹試此常想。

蘇子於虎跑，匏樽詠清賞。

——明方：《石雨禪師法檀》第 13 卷，《嘉興藏》第 27 冊，第 126 頁。

0210. 掛屣寮

〔明〕石雨明方

掛冠潔其名，掛屣淨其聲。

相逢啜茗事，多半聖之清。

——明方：《石雨禪師法檀》第 13 卷，《嘉興藏》第 27 冊，第 126 頁。

0211. 雲肆

〔明〕石雨明方

酒徒初散霧，茶侶乍生煙。

物物蜃樓耳，長生不是仙。

——明方：《石雨禪師法檀》第 13 卷，《嘉興藏》第 27 冊，第 126 頁。

0212. 山居雜詠

〔明〕智誾〔註30〕

飯熟不經煙火，茶香別展槍旗。

信口道將一句，輕輕動著唇皮。

——智誾：《雪關禪師語錄》第 11 卷，《嘉興藏》第 27 冊，第 858 頁。

0213. 寄王百穀

〔明〕傳慧

惠山泉水虎丘茶，相去柴門路不賒。

經歲故人書斷絕，夕陽林外即天涯。

——張豫章等編：《御選宋金元明四朝詩·御選明詩》第 114 卷，第 40 頁，《四庫全書》集部·總集類，第 1444 冊，第 781 頁。

0214. 題徐春門畫

〔明〕智舷

山頭雲濕皆含雨，溪口泉香盡帶花。

此是天池穀雨候，松陰十里賣茶家。

——張豫章等編：《御選宋金元明四朝詩·御選明詩》第 115 卷，第 1 頁，《四庫全書》集部·總集類，第 1444 冊，第 782 頁。

0215. 冶父山居

〔明〕洪恩

亂石砌成茅屋，編柴夾就疏籬。

〔註30〕誾，讀音〔yín〕。

繩樞華門晝掩，任教霧鎖風吹。

風雨杳無人至，開門靜裏生涯。

詩字蒲團經卷，燒香汲水烹茶。

——張豫章等編：《御選宋金元明四朝詩·御選明詩》第 118 卷，第 33
頁，《四庫全書》集部·總集類，第 1444 冊，第 856 頁。

0216. 十月十五日冶父山中有懷丈庵

〔明〕洪恩

東嶺初升皓月，西林漸斂殘霞。

散步歸尋邊筍，乘涼摘到新茶。

——張豫章等編：《御選宋金元明四朝詩·御選明詩》第 118 卷，第 34
～35 頁，《四庫全書》集部·總集類，第 1444 冊，第 856～857 頁。

0217. 茶聲二首

〔明〕牧雲通門

一

勺水誰將試，躍然鳴不平。

似曾投我耳，初未辨何聲。

冷傍虛簷月，深開良夜情。

吾將觀彼起，恍惚悟無生。

二

一燈虛炯戶，想見杳冥過。

能語物如此，無停意若何。

空山旋合響，微水笑生波。

幸有知音在，論源自不那。

——智時、超慧等編校：《牧雲和尚宗本投機頌》，《嘉興藏》第 31 冊，
第 658～659 頁。

0218. 長夏吟

〔明〕牧雲通門

空山收足，永日無聊，觸物感情，匪同木石，姑煩筆楮，用遣遐心。

層峰深入看龍潭，到得龍潭野興酣。

搬石為爐煮茶筍，白雲不厭老僧談。〔註31〕

——子晉、智時編校：《牧雲和尚懶齋別集》第 12 卷，《嘉興藏》第 31 冊，第 621 頁。

0219. 偶過溪庵即事

〔明〕牧雲通門

橋斷行人隔，門開別徑斜。

桂香幽砌出，竹色短牆遮。

鄰叟看鋤菜，頭陀自煮茶。

得閒聊此坐，末路事如麻。

——牧雲通門撰，毛晉、子晉校編：《牧雲和尚懶齋別集》第 13 卷，《嘉興藏》第 31 冊，第 625 頁。

0220. 示化茶禪人

〔明〕隱元

禪餘睡起眼眯麻，笑倒叢林老作家。

仔細思量無別法，醒人祇是一杯茶。

——隆琦編：《隱元禪師語錄》第 14 卷，《嘉興藏》第 27 冊，第 293 頁。

0221. 明禪人施茶

〔明〕憨山

此心元不住，白足本無塵。

時汲源頭水，清涼熱惱人。

——福善編錄：《憨山老人夢遊集》第 28 卷，《卍續藏》第 73 冊，第 800 頁。

〔註31〕長夏吟共九十四首，此為第十三首。

0222. 寄塵堂首座

〔明〕憨山

憶爾栽茶處，滿園春雨滋。

何時掃松葉，相對一烹之。

——福善編錄：《憨山老人夢遊集》第 28 卷，《卍續藏》第 73 冊，第
800 頁。

0223. 林參軍從余入山

〔明〕憨山

戎馬身經老，風煙鬢已班。

骨疲仇鐵甲，心冷愛青山。

木劄禪離味，茶香事盡閒。

白雲欣共住，肯放出松關。

——福善編錄：《憨山老人夢遊集》第 47 卷，《卍續藏》第 73 冊，第
792 頁。

0224. 穆生

〔明〕祩宏

鯨腸鼉腹量難平，常感君王設醴情。

故谷小溪春溜碧，欲烹新茗滌餘醒。

——祩宏：《雲棲法彙》，《嘉興藏》第 33 冊，第 113 頁。

0225. 石門多勝閣啜茗問月歌

〔明〕紫柏真可

連宵明月在何處？明月今宵始見汝。

我問明月月佯聾，清光湛湛嬌不語。

誰知不語意更深，明月無心解相與。

海角天涯在在逢，根塵迴脫月為侶。

月明若使有盈虧，拾得寒山肯輕許。

李白把酒問月明，月明石門翻問予。

予無所答指溪山，溪山明月常所處。

我心即月月即我，我兮月兮謾寒暑。

盧仝七碗生清風，予啜三甌問吳楚。

吳王楚子安在哉？章臺余艎夢空舉。

雪消巴蜀春水來，羅岕龍團試重煮。

瓦爐湯沸學雷鳴，凍壑一聲忘我所。

——真可：《紫柏尊者全集》第 29 卷，《卍續藏》第 73 冊，第 398 頁。

0226. 鐺煙茶圖

〔明〕廣真

秋清雪陣蘆花低，興陟嘆峰樂品題。

入圃拈茶歌短調，燒鐺掬水折疏藜。

煙籠紫霧卮霞燦，香染朱雲日影棲。

罔徹關頭誰是味，揚眉飛鶍已天西。

——廣真：《吹萬禪師語錄》第 12 卷，《嘉興藏》第 29 冊，第 517 頁。

0227. 似瞿孝廉來韻

〔明〕廣真

欲啟熊山後，無如此地奇。

月明空外境，心定有餘師。

掃石薰風舞，烹茶淨缽吹。

何緣香社裏，更得友羲之。

——廣真：《吹萬禪師語錄》第 12 卷，《嘉興藏》第 29 冊，第 517 頁。

0228. 秋日採茶歌

〔明〕廣真

金芽人說穀雨前，我入林園已秋煙。

縱貽瓦缽百片真，煎來到底不如新。

自古玉碎鳳凰叫，兼聞鳶飛雄虎嘯。

相煦相感亦有時，津劍豈蔽張華耀。

莫把清茗空裁賦，設使葉蒼如嫩作。

一葉去半可為常，雀舌謂離非故樹。

且將小石品字安，何用高鐺三腳具。

天花一滾滿煙霞，日輝並照映朱砂。

唐盧仝，宋東坡，十碗齊斟奈我何！

——廣真：《吹萬禪師語錄》第 13 卷，《嘉興藏》第 29 冊，第 524 頁。

0229. 幽燕懷山中

〔明〕湛然圓澄

山中多樂事，迴然異城郭。

長年少閒事，白日多寂寞。

所樂無他伎，所貴無拘束。

散步時獨吟，縱曠絕棱角。

為客樂不少，何意生煩惱。

受用勝常時，未似山中好。

不見寒山子，願言寒山老。

永無塵累牽，自謂可長保。

菓熟猿摘多，山深客過少。

水清茶有味，葉墮風自掃。

攜手招拾得，共返來時道。

——明凡錄：《湛然圓澄禪師語錄》，《卍續藏》第 72 冊，第 837 頁。

0230. 九日風雨

〔明〕如曉

去年九日登天台，華頂峰頭菊未開。

今年九日寄西湖，寒塘菊老成荒蕪。

千山萬山妒風雨，湖頭橫艇無人呼。

陰晴人事不長好，貧病緣愁客中老。

瓦鐺煨芋就菊花，竹里分泉自煮茶。

遙憶白衣人不至，滿階落葉送年華。

——釋正勉、釋性通：《古今禪藻集》第 21 卷，第 38 頁，《四庫全書》
集部・總集類，第 1416 冊，第 549 頁。

0231. 送仁一初上人遊武林

〔明〕懷渭

舞鳳飛龍若個邊，天涯送遠獨凄然。

江山南渡降王宅，風雨西陵過客船。

踏雪馬䠆春買樹，鬥茶龍井夜分泉。

落花寂寞東歸日，煙嶼冥冥叫杜鵑。

——釋正勉、釋性通：《古今禪藻集》第 24 卷，第 14～15 頁，《四庫全書》集部·總集類，第 1416 冊，第 592 頁。

0232. 題云門翠微深處

〔明〕守仁

溪閣重重翠崦遮，無時雲氣濕袈裟。

千峰樹色藏朝雨，六寺鐘聲送晚霞。

筆冢天寒收柿葉，茶壇風落掃松花。

倦遊每憶消閒地，早晚扁舟向若耶。

——釋正勉、釋性通：《古今禪藻集》第 24 卷，第 16 頁，《四庫全書》集部·總集類，第 1416 冊，第 593 頁。

0233. 京都送雲海上人還山

〔明〕道衍

朝辭魏闕返家林，秋半江南尚綠陰。

鍾阜雲歸山寺近，石城湖落海門深。

僧中不有興亡事，世上寧存去住心。

此別似難期後會，且留茶坐撫孤琴。

——釋正勉、釋性通：《古今禪藻集》第 24 卷，第 18～19 頁，《四庫全書》集部·總集類，第 1416 冊，第 594 頁。

0234. 茶軒為陳惟寅賦

〔明〕釋道衍

千苞凜冰雪，一樹當窗幾。

晴旭曉微烘，游蜂掠芳蕊。

澹香勻蜜露，繁豔照煙水。

幽人賞詠遲，每恨殘紅委。

——張豫章等編：《御選宋金元明四朝詩·御選明詩》第 35 卷，第 20
頁，《四庫全書》集部·總集類。

0235. 退隱惠山聽松庵次王達善韻

〔明〕普真

泉上歸來已一年，萬松陰裏屋三椽。

坐殘白日渾無事，買斷清風不費錢。

猿墮山厓尋果樹，鶴穿林徑避茶煙。

王猷識我平生意，時寄新詩一兩篇。

——釋正勉、釋性通：《古今禪藻集》第 24 卷，第 20～21 頁，《四庫
全書》集部·總集類，第 1416 冊，第 595 頁。

0236. 田家即事

〔明〕廣澂

四月農家事事忙，曉分陂水灌新秧。

雞初鳴際爭炊黍，蠶未眠時且問桑。

處處薰風催麥秀，村村煙火焙茶香。

——釋正勉、釋性通：《古今禪藻集》第 24 卷，第 26～27 頁，《四庫
全書》集部·總集類，第 1416 冊，第 598 頁。

0237. 方康侯孝廉見過談及金陵舊隱

〔明〕如愚

江介茅庵榆柳環，矮籬深徑門常關。

煮茶正熟來新客，作揖未完問舊山。

浴鷺梳翎求日曝，虛舡擱漿背風灣。

野煙荒景非佳趣，贏得樗庸遠市寰。

——釋正勉、釋性通：《古今禪藻集》第 3 卷，第 22 頁，《四庫全書》
集部·總集類，第 1416 冊，第 615 頁。

0238. 嘗茶

〔明〕明秀

小堂春晚正寥寥，洗水嘗茶帶雨燒。

病起不知紅葉老，開門忽報白雲招。

松邊落日明虛閣，夢裏西山度野橋。

我已慵書今數月，怪來幽思在芭蕉。

——釋正勉、釋性通：《古今禪藻集》第 24 卷，第 29 頁，《四庫全書》集部・總集類，第 1416 冊，第 599 頁。

0239. 書事寄子重

〔明〕明秀

高壁落日明，雨霽茶初熟。

美人來不來，獨倚西岩竹。

——釋正勉、釋性通：《古今禪藻集》第 26 卷，第 5 頁，《四庫全書》集部・總集類，第 1416 冊，第 627 頁。

0240. 野航

〔明〕明秀

江空天上下，茶灶帶雲濤。

一夜桃花雨，五湖春水高。

斜陽飛白鷺，芳草亂青袍。

流向前灘去，無風懶著篙。

——釋正勉、釋性通：《古今禪藻集》第 22 卷，第 13 頁，《四庫全書》集部・總集類，第 1416 冊，第 557 頁。

0241. 庚戌春暮漫書

〔明〕文貞

欹斜蓬戶未嘗開，恐被閒人損綠苔。

秧葉刺青春老去，柳花飛白晝長來。

經函防蠹常翻帙，茶灶增薪每熱灰。

自笑吾生蕉焰幻，不過滿腹又何哀。

  ——釋正勉、釋性通：《古今禪藻集》第 25 卷，第 35 頁，《四庫全書》
    集部・總集類，第 1416 冊，第 621 頁。

0242. 採茶

〔明〕如蘭

為採雨前香茗，從教露濕靈箸。〔註32〕

石鼎煎來自吃，胸中淨洗六經。

  ——釋正勉、釋性通：《古今禪藻集》第 26 卷，第 18 頁，《四庫全書》
    集部・總集類，第 1416 冊，第 633 頁。

0243. 山居

〔明〕法杲

命伴隔溪呼鹿，適興臨流飲茶。

風緩不飛松葉，床空落滿藤花。

  ——釋正勉、釋性通：《古今禪藻集》第 26 卷，第 20 頁，《四庫全書》
    集部・總集類，第 1416 冊，第 634 頁。

0244. 春暮

〔明〕方擇

樹擁綠雲繞屋，花飛紅雨侵簾。

客至試余新茗，閒唯松塵頻拈。

  ——釋正勉、釋性通：《古今禪藻集》第 26 卷，第 20 頁，《四庫全書》
    集部・總集類，第 1416 冊，第 634 頁。

0245. 山居

〔明〕契靈

密雪絕無人到，迎風點起茶鐺。

〔註32〕「靈箸」即「笭箸」，指漁具或竹籠竹籃。

草火漸煨黃獨，凍簷筧溜無聲。

—— 釋正勉、釋性通：《古今禪藻集》第 26 卷，第 21 頁，《四庫全書》
集部·總集類，第 1416 冊，第 635 頁。

0246. 與鄰僧夜坐

〔明〕永瑛

草廬溪上淨春花，衲子談玄夜煮茶。

遁跡不逢秦二世，安貧寧識魯諸家。

水風涼薦荷衣爽，山月低穿薜荔斜。

裘馬故人休問及，數函經卷是生涯。

—— 釋正勉、釋性通：《古今禪藻集》第 24 卷，第 32 頁，《四庫全書》
集部·總集類，第 1416 冊，第 601 頁。

0247. 題院壁

〔明〕永瑛

自愛青山常住家，銅瓶閒煮鑿源茶。

春深白日岩扉靜，坐看蛛絲冒落花。

—— 釋正勉、釋性通：《古今禪藻集》第 27 卷，第 26 頁，《四庫全書》
集部·總集類，第 1416 冊，第 649 頁。

0248. 採山藥子煎茶

〔明〕永瑛

石洞松門帶夕陽，自攀青蔓採秋霜。

大官尚食知多少，不似山廚意味長。

—— 釋正勉、釋性通：《古今禪藻集》第 27 卷，第 26 頁，《四庫全書》
集部·總集類，第 1416 冊，第 649 頁。

0249. 戲贈阿師

〔明〕永瑛

瓦灶松爐自一家，阿師炊飯我煎茶。

衹應心地無煩惱，好向山中度歲華。

　　——釋正勉、釋性通：《古今禪藻集》第 27 卷，第 26 頁，《四庫全書》
　　　集部‧總集類，第 1416 冊，第 649 頁。

0250. 採茶

〔明〕永覺元賢

一

雷雨頻催春滿叢，紫茸迸出笑東風。
指頭不覺難收拾，又入前坡翠霧中。

二

子規聲裏展旗槍，雨霽雲收滿目蒼。
逐隊不辭山路峻，攜籃歸去帶天香。

三

春晚山居事正勤，歌聲嶺上幾回聞。
登高摘得迎風葉，卻笑渾身惹白雲。

四

出門遙望碧雲層，淑氣氤氳枝上凝。
兩兩三三同摘取，詠歸喜見月初升。

　　——永覺元賢：《永覺元賢禪師廣錄》第 26 卷，《卍續藏》第 72 冊，
　　　第 534 頁。

0251. 坐木蓮閣

〔明〕本智

小閣千巖下，幽棲一病禪。
燈懸天上月，茶煮榖中泉。
石潤巖飛瀑，林昏樹吐煙。
有人來問法，惟指木開蓮。

　　——本智：《浮山法句》第 7 卷，《嘉興藏》第 25 冊，第 301 頁。

0252. 許起宗見過

〔明〕釋德祥

雨氣來山北，茶香過竹西。

芙蓉花發處，明日約扶藜。

——朱彝尊：《明詩綜》第 90 卷，第 5 頁，《四庫全書》集部·總集
類，第 1460 冊，第 831 頁。

0253. 題詩經室

〔明〕釋德祥

池邊木筆花新吐，窗外芭蕉葉未齊。

正是欲書三五偈，煮茶香過竹林西。

——張玉書：《御定佩文齋詠物詩選》第 244 卷，第 32 頁。《四庫全
書》集部·總集類，第 1433 冊，第 568 頁。

0254. 竹亭

〔明〕釋德祥

滿園惟種竹，竹里置幽亭。

犬吠青松路，人來白鷺汀。

花溝安釣艇，蕉地著茶瓶。

老耳思鳴鳳，何當藉此聽。

——張玉書：《御定佩文齋詠物詩選》第 335 卷，第 15 頁，《欽四庫全
書》集部·總集類，第 1434 冊，第 205 頁。

0255. 示施茶僧

〔明〕慧機

木人頭上草初蘚，一個金鉤掛兩邊。

未到已來齊爾爾，誰能踏破趙州關？

——慧機：《慶忠鐵壁機禪師語錄》，《嘉興藏》第 29 冊，第 611 頁。

0256. 幾雲頌〔註33〕

〔明〕慧機

九

一座茆廬六處窗，門開五葉見華王。

十二時中無別事，烹茶掃地爇爐香。

——慧機：《慶忠鐵壁機禪師語錄》，《嘉興藏》第 29 冊，第 608 頁。

五十九

斗室蕭蕭接四鄰，客來白水當清茗。

為僧何必拘山谷，鬧市安居也不塵。

——慧機：《慶忠鐵壁機禪師語錄》，《嘉興藏》第 29 冊，第 609 頁。

0257. 自贊〔註34〕

〔清〕隆琦

這漢生平，性好嗜茶。

描彼供養，勾賊破家。

漫燒柏子薰渠鼻，急剪松蘿煮瀑花。

細看面目無相似，惟有趙州頗類他。

——隆琦說，海寧等編：上震等編：《隱元禪師語錄》第 16 卷，《嘉興藏》第 27 冊，第 303 頁。

0258. 宿萬如茶庵

〔清〕鶴峰濟悟

新嶺初開關，搜奇得慧泉。

岩前經滴瀝，雨後活清漣。

山樹風調梵，溪流玉振弦。

夜來煨紫芋，竹榻伴雲眠。

——上震等編：《鶴峰禪師語錄》卷下，《嘉興藏》第 38 冊，第 564 頁。

〔註33〕月崖曾書「雲幾」二字於石寶壁間，師立庵於此，反其序名「幾雲」。「幾雲頌」有百首，此錄二。

〔註34〕原注有「茶頭妙彰禪人請」數字。

0259. 雨阻杏泉房作

〔清〕鶴峰濟悟

閒庭看雨色，著屐東山遊。

未上碧雲去，因依浣月留。

杏泉茶滴翠，高閣澗聲浮。

心內無餘事，還將勝蹟謀。

——上震等編：《鶴峰禪師語錄》卷下，《嘉興藏》第 38 冊，第 564 頁。

0260. 白雲山

〔清〕鶴峰濟悟

採茶最喜白雲窩，古塔殘碑掛薜蘿。

藉草就餐吞翠遠，歸途花雨嶺南過。

——上震等編：《鶴峰禪師語錄》卷下，《嘉興藏》第 38 冊，第 566 頁。

0261. 茶歌

〔清〕鶴峰濟悟

一

我來山中，絕頂栽茶。

钁頭钁尾，聊且作家。

磊落高風施大用，刀耕火種老生涯。

二

我來山中，時復採茶。

塵世如何，及得我家。

乘興提筐過別嶺，滿身煙霧意無涯

三

我來山中，學炒新茶。

鬥鍋烈火，還我作家。

翠微香靄流青嶂，又聽鳴蛙鼓水涯。

四

我來山中，汲水煎茶。

松風竹雨，煞是仙家。

會得其中三沸意，滿傾幾盞樂天涯。

——上震等編：《鶴峰禪師語錄》卷下，《嘉興藏》第 38 冊，第 566 頁。

0262. **採茶歌**

〔清〕百癡

有茶有茶山之陽，小者提籃大執筐。

葉葉枝枝不覆藏，挨身直入侵衣翠。

信手拈來帶露香，一聲幽鳥韻如簧。

有茶有茶山之中，采采無多在己躬。

放下籃兒滿樹空，旋為入焙驚榆火。

又待炎爐吼浪風，趙州公案此君通。

——超宣等編：《百癡禪師語錄》第 26 卷，《嘉興藏》第 28 冊，第
138 頁。

0263. **化茶**

〔清〕百癡

睡魔百萬難挨遣，只待陽坡一掬春。

急展信旗求助陣，亭亭仙客莫逡巡。

——超宣等編：《百癡禪師語錄》第 21 卷，《嘉興藏》第 28 冊，第 109
～110 頁。

0264. **送廣化啟首座**

〔清〕百癡

不待茶瓢觸墜時，劍鋒早已掛雙眉。

臥龍峰頂千年事，收放無人辨得伊。

——超宣等編：《百癡禪師語錄》第 21 卷，《嘉興藏》第 28 冊，第
110 頁。

0265. **宿姜莊村**

〔清〕如乾

暫憩衡茅下，晴霞映錫光。

塘深千樹柳，杏出一枝牆。

吠犬僧初到，烹茶客愛嘗。

任緣隨處可，何必是西方。

——如乾：《憨休和尚敲空遺響》第 9 卷，《嘉興藏》第 37 冊，第
298 頁。

0266. **曝日**

〔清〕如乾

簾卷西風午磬時，閒庭暖日獨支頤。

門當水落山都見，路與雲平野未知。

一縷茶煙消白晝，數莖鶴髮上青絲。

年來調得馴龍象，棒喝而今總不施。

——如乾：《憨休禪師敲空遺響》第 11 卷，《嘉興藏》第 37 冊，第
305 頁。

0267. **石安原長夏遣懷**〔註35〕

〔清〕如乾

十二

飯後經行一碗茶，消閒誰個似山家。

籬恨種得青青菜，架上紅開匾豆花。

十五

雨後虛堂枕簟涼，半生消受一繩床。

竹風香過茶初熟，有客敲門到上方。

十七

長夏山翁事若何，清泉白石掩松蘿。

〔註35〕此組詩原有七十首，此處僅選錄與禪茶有關者。

幽居自喜逢迎少，漫煮清茶遣睡魔。

二十八

裁雲欲補舊袈裟，客至蒿湯可當茶。
留得床前三尺地，只栽黃獨不栽花。

四十六

夏至繁陰草木蒼，竹風吹過煮茶香。
好山多在雲邊看，滿目晴嵐帶夕陽。

四十七

奇峰盛夏火雲升，花鳥不來詩也興。
竹樹深深藏古寺，茶煙淡淡瀉高藤。

四十八

奇峰盛夏火雲升，花鳥不來詩也興。
竹樹深深藏古寺，茶煙淡淡瀉高藤。

　　——如乾：《憨休和尚敲空遺響》第 11 卷，《嘉興藏》第 37 冊，第 308
　　　　～309 頁。

0268. **懷本師雲老和尚**

〔清〕如乾

移竿何處靜垂綸，鯨釣仍分汝水濱。
一世銜冤叨父訓，三年累德愧門人。
茶香鼎熟松窗語，殿古寒深坐榻塵。
好是行藏無可覓，朋儕相向話來因。

　　——如乾：《憨休禪師敲空遺響》第 10 卷，《嘉興藏》第 37 冊，第
　　　　302 頁。

0269. **山居**〔註36〕

〔清〕澈生

渾忘世味與浮華，萬仞峰頭是我家。

〔註36〕澈生《山居》共五首，此為其一。

飽飫煙霞卑自牧，余收山水煮山茶。

——澂生：《青城竹浪生禪師語錄》第 5 卷，《嘉興藏》第 38 冊，第
885 頁。

0270. 煮茶

〔清〕三山來（燈來）

忘機無事臥煙霞，折腳鐺中漫煮茶。

祖意明明收放處，幾乎認作兩頭蛇。

——普定編：《三山來禪師語錄》，《嘉興藏》第 29 冊，第 731 頁。

0271. 和汪周士季青過訪韻

〔清〕寒松操

一

常年竹屋老山家，慵向侯門轉法華。

分野忽來雙德宿，煙雲影動半窗斜。

時遊碧嶂同尋藥，閒品清泉共煮茶。

天亦有情留客意，故將風雨阻囂嘩。

二

影息空林懶渡杯，足音高蹈遠纖埃。

談深石上連雲坐，嘯徹松間跨鶴回。

茶熟清泉翻蟹眼，香銷活火宿螺灰。

淵明莫訝山齋冷，他日乘閒須再來。

——吳偉業、史惟圓雲、陳維崧等編校：《寒松操禪師語錄》，《嘉興藏》
第 37 冊，第 648 頁。

0272. 武夷茶歌

〔清〕釋超全 〔註37〕

建州團茶始丁謂，貢小龍團君謨製。

〔註37〕釋超全，俗名阮旻錫，先為明末布衣，明亡後出家為僧，精修茶事，晚年又
還俗，恢復本名。

元豐敕獻密雲龍，品比小團更為貴。
無人特設御茶園，山民終歲修貢事。
明興茶貢永革除，玉食豈為遐方累。
相傳老人初獻茶，死為山神享廟祀。
景泰年間茶久荒，喊山歲猶供祭費。
輸官茶購自他山，郭公青螺除其弊。
嗣後岩茶亦漸生，山中藉此少為利。
往年薦新苦黃冠，遍採春芽三日內。
搜尺深山栗粒空，官令禁絕民蒙惠。
種茶辛苦甚種田，耘鋤採抽與烘焙。
穀雨屆其處處忙，兩旬晝夜眠餐廢。
道人山客資為糧，春作秋成如望歲。
凡茶之產準地利，溪北地厚溪南次。
平洲淺渚土膏輕，幽谷高崖煙雨膩。
凡茶之候視天時，最喜天晴北風吹。
苦遭陰雨風南來，色香頓減淡無味。
近時製法重清漳，漳芽漳片標名異。
如梅斯馥蘭斯馨，大抵焙時候香氣。
鼎中籠上爐火溫，心閒手敏工夫細。
岩阿宋樹無多叢，雀舌吐紅霜葉醉。
終朝采采不盈掬，漳人好事自珍秘。
積雨山樓苦晝間，一宵茶話留千載。
重烹山茗沃枯腸，雨聲雜沓松濤沸。

——釋超全（阮旻錫）：《夕陽寮詩稿》第 12 卷，何丙仲校注，廈門大
　　學出版社，2011 年，第 295 頁。

0273. 安溪茶歌

〔清〕釋超全

安溪之山鬱嵯峨，其陰長濕生叢茶。
居人清明採嫩葉，為價甚賤供萬家。
邇來武夷漳人製，紫白二毫粟粒芽。

西洋番舶歲來買，王錢不論憑官牙。

溪茶遂仿岩茶樣，先炒後焙不爭差。

真偽混雜人瞆瞆，世道如此良可嗟。

吾哀肺病日增加，蔗漿茗飲當餐霞。

仙山道人久不至，井坑香澗路途賒。

江天極目浮雲遮，且向閒庭掃落花。

朝夕幾焙茗香迷，無暇為君辨正邪。

——乾隆《泉州府志》第 19 卷·物產·茶，同治 9 年刻本（國家圖書館藏），第 29 頁。

0274. **題假山**

〔清〕即非如一

老人於松隱堂之右復構一小軒，有信士見其素，乃為布置丘壑，宛若生成一石一花，俱有韻致，足供定余清玩真妙手哉。初夏告成，承召同法昆仲侍坐靜對，茶香雜花香莫辨，瀑韻與道韻俱清，信足樂也。可無一言以紀之，由是泚筆敬呈二律。

一

一座古廬山，移來屋裏看。

微雲穿石牖，小瀑動雷灘。

綠瑣三春秀，陰生六月寒。

一拳千里勢，胸次海天寬。

二

景物雖虛假，頭頭契本真。

點流成巨壑，大塊納微塵。

寵積無為福，宜歸有道人。

人工渾造化，道用妙通神。

——如一：《即非禪師全錄》第 20 卷，《嘉興藏》第 38 冊，第 716 頁。

0275. **中秋侍老人坐月**

〔清〕即非如一

竹隱將雙白，時逢八月中。

清光寒玉宇，古桂撲金風。

席預曹溪話，吟賡檗嶠翁。

茶香難入夢，一嘯萬山空。

——如一：《即非禪師全錄》第 20 卷，《嘉興藏》第 38 冊，第 718 頁。

0276. 趙州吃茶

〔清〕象崖性珽

叔孫禮樂蕭何律，趙老唯煎一碗茶。

香味豈從陸羽制，吃時珍重雪飛華。

——性珽：《象崖珽禪師語錄》第 3 卷，《嘉興藏》第 34 冊，第 544 頁。

0277. 婆偷趙州筍

〔清〕象崖性珽

展陣豎旗驗賊贓，老婆一掌賊猖狂。

雖然偷得趙州筍，鐵打心肝也斷腸。

——性珽：《象崖珽禪師語錄》第 3 卷，《嘉興藏》第 34 冊，第 544 頁。

0278. 除夕小參

〔清〕竹航海

諸方此夜好盤桓，惟是虎歸不說禪。

茶罷直教寒向火，來朝慶節煮龍團。

——竹航海：《黔南會燈錄》第 4 卷，《卍續藏》第 85 冊，第 242 頁。

0279. 山居

〔清〕真傳

一

雲布嶺頭意不偏，其間是事偶將圓。

乘涼果木秋來實，淘米溪泉雨到穿。

汲水煮茶歌樹下，敲松撥子種山前。

靈苗但看生時穩，日久成林蓋屋邊。

二

從來應用有乘時，但得時乘不遠思。

灌芋隨分山峽水，烹羹任採野蹊藜。

厰煎茶灶當風置，露坐蒲團對月移。

遙望當山先有兆，清光影到歲寒枝。

——真傳：《廣福山勝覺寺密印禪師語錄》第 10 卷，《嘉興藏》第 35 冊，第 851 頁。

0280. 送天吼法孫

〔清〕破山海明

世亂攜鋤住白華，半融芋子半融茶。

客來管待般般具，始信風流出當家。

——破山海明：《破山禪師語錄》第 16 卷，《嘉興藏》第 26 冊，第 70 頁。

0281. 別行素牟居士

〔清〕破山海明

差別無為最上談，策君語默轉身難。

忽然人報茶來吃，暗笑癡蠅度紙關。

——破山海明：《破山禪師語錄》第 16 卷，《嘉興藏》第 26 冊，第 70 頁。

0282. 贈無礙和尚次曹太史韻

〔清〕自閒覺

海鄉默坐聽洪波，最喜同條杖子過。

八載道交心似月，一期談笑辨猶河。

禪思柳絮機偏契，道氣茶香意更和。

漫謂冰壺無剩影，豐於元是古彌陀。

——洪暹編：《自閒覺禪師語錄》第 7 卷，《嘉興藏》第 33 冊，第 558 頁。

0283. 高庵寄友

〔清〕普明石關

抱病空山事事真，茶煙不斷不為貧。

吟聲未絕雲流出，琴韻將成鳥和頻。

屋裏尖巒常繞座，門前老虎慣依人。

忘身樂道多幽寂，君但能來話更親。

——芳桂等編：《石關禪師語錄》，《嘉興藏》第 38 冊，第 598 頁。

0284. 天目道中

〔清〕普明石關

崎嶇百里向天涯，野趣幽然興不賒。

冷氣淡浮新竹葉，寒聲高接活煙霞。

細流轉處重尋徑，竹杖停時欲問茶。

莫道前途艱且遠，行行復渡淺溪沙。

——芳桂等編：《石關禪師語錄》，《嘉興藏》第 38 冊，第 599 頁。

0285. 過文表關主

〔清〕普明石關

過幾峰頭轉幾坡，青松密密梵聲多。

扣關握手談秋月，隔戶論心對碧蘿。

香氣玉爐通古道，茶煙石鼎泛雄波。

知君踏斷芒鞋鼻，試問關中事若何？

——芳桂等編：《石關禪師語錄》，《嘉興藏》第 38 冊，第 598 頁。

0286. 春王小坐傳衣寺茶華下

〔清〕福慧

山茶一樹散春期，靜對庭香雪老時。

獨有清芬如上苑，絕無嬌氣似辛夷。

岩蜂莫逐華須嫩，草蝶長隨粉瓣窺。

不為興酣人便去，判教夕照在東籬。

——福慧：《益州嵩山野竹禪師後錄》第 8 卷，《嘉興藏》第 33 冊，第 460 頁。

0287. 示顏思淵居士

〔清〕福慧

三生石共白雲峰，一枕蒲團睡正濃。

卻被茶童初喚醒，夕陽已下嶺頭松。

——福慧：《嵩山野竹禪師錄》第 9 卷，《嘉興藏》第 29 冊，第 134 頁。

0288. 過準提庵

〔清〕福慧

家在小溪半畝田，每看松鶴避茶煙。

閒庭夜夜東峰月，何必廬山種白蓮。

——福慧：《嵩山野竹禪師錄》第 13 卷，《嘉興藏》第 29 冊，第 150 頁。

0289. 留客

〔清〕福慧

小座當軒春日斜，西山歸鶴破煙霞。

三間茅屋能留客，汲得靈泉夜瀹茶。

——福慧：《嵩山野竹禪師錄》第 13 卷，《嘉興藏》第 29 冊，第 151 頁。

0290. 妙應寺

〔清〕福慧

白白金沙地，青青玉井蓮。

古碑荒鳥篆，廢沼引牛泉。

微雨濕松子，茶鐺散竹煙。

了然人景外，鐙火接諸天。

——福慧：《嵩山野竹禪師錄》第 13 卷，《嘉興藏》第 29 冊，第 151 頁。

0291. 仝汪牧鯤夜坐得樓字

〔清〕福慧

石壺傾苦茗，竟日坐山樓。

雨過苔衣濕，雲生竹戶幽。

相逢萬里外，談笑五溪頭。

莫問平生事，千峰已暮秋。

——福慧：《嵩山野竹禪師錄》第 13 卷，《嘉興藏》第 29 冊，第 151 頁。

0292. 和佟太守韓甲喇觀海之作

〔清〕福慧

下馬山林晚，蒼芒碧海深。

波平知變化，浪靜識禪心。

樹樹寒蟬聒，村村野鳥吟。

歸來茗碗在，何以獻高岑。

——福慧：《嵩山野竹禪師錄》第 13 卷，《嘉興藏》第 29 冊，第 151 頁。

0293. 秋夕與白雲上人

〔清〕福慧

白霧三山起，秋風一院涼。

茶煙薰石壁，霜鳥上堤楊。

泉落龍巖下，人經虎洞旁。

茅庵竟日好，坐臥只空堂。

——福慧：《嵩山野竹禪師錄》第 13 卷，《嘉興藏》第 29 冊，第 152 頁。

0294. 仙月盧兵憲夜坐嵩山

〔清〕福慧

中夜坐嵩山，秋光清四野。

重徵五蘊床，不及白蓮社。

諸郡仰金湯，一竿掌大廈。

銜杯夜茗孰，默默情堪瀉。

——福慧：《嵩山野竹禪師錄》第 13 卷，《嘉興藏》第 29 冊，第 152 頁。

0295. 全岳峙如賀大來月夜登樓用前韻

〔清〕福慧

乘興夜登樓，推窗遙望野。

清光在石林，玉露滴茅社。

鸞月問流泉，工詩頻步廈。

山童滌瓦甌，苦茗為君瀉。

——福慧：《嵩山野竹禪師錄》第 13 卷，《嘉興藏》第 29 冊，第 152 頁。

0296. 全刺史於公坐綠野軒

〔清〕福慧

聲聲黃鳥響柴荊，遙望雲山物色清。

白白梨華開谷口，青青松子弄春明。

愛君詞賦人難敵，愧我袈裟事未精。

茶爇室中須暢飲，雪絲莫待滿頭生。

——福慧：《嵩山野竹禪師錄》第 13 卷，《嘉興藏》第 29 冊，第 153 頁。

0297. 山居

〔清〕寂訥

一

去去青溪上，雲邊獨隱居。

已知心似水，安得我非魚。

趺坐入禪定，閉門罷讀書。

山空人事少，落葉遍階除。

二

人間長懶住，棲跡向林丘。

竹徑搖晴碧，松門帶晚秋。

觀空一念盡，說法萬緣酬。

身事渾如此，還於何處求。

三

誰識居山意，而今幽興長。

六時惟靜坐，幾載不參方。

穀雨茶初熟，松花飯更香。

此生隨分過，那管世人忙。

四

飯罷一攜筇，山行石磴重。

岩前方睡虎，澗底欲飛龍。

送供無人至，談玄有客從。

上方鍾磬寂，歸臥夢初濃。

——寂訥：《印心佛敏訥禪師語錄》之頌古，《嘉興藏》第 37 冊，第 75 頁。

0298. 題古松贈了息長老

〔清〕寂訥

老幹蒼鱗不記年，半依岩岫半臨泉。

茶煙斷後苔痕濕，又枕雲根一覺眠。

——寂訥：《印心佛敏訥禪師語錄》之頌古，《嘉興藏》第 37 冊，第 75 頁。

0299. 慶雲茶頭

〔清〕真續

爾能造化變陰陽，冷熱溫和任主張。

洗盡枯腸無一物，趙州滋味與天長。

——智曇、洪演、照本等編：《昭覺竹峰續禪師語錄》，《嘉興藏》第 40 冊，第 135 頁。

0300. 遊峨眉山次可聞和尚韻

〔清〕真續

登陟頻移杖，微茫汗漫傾。

燈傳更漏靜，光放雪時晴。

艷冷停蒼雪，茶香煮瀑鐙。

都來明旨趣，岩畔禮空生。

——智曇、洪演、照本等編：《昭覺竹峰續禪師語錄》，《嘉興藏》第 40 冊，第 145 頁。

0301. 宿玄武宮

〔清〕海棟

幾村青嶂外，一寺白雲中。

貝葉翻明月，松風度晚鐘。

茶香忘客倦，枕墮得心空。

夢斷煙霞裏，醒來日正東。

——海棟：《浦峰法柱棟禪師語錄》機緣，《嘉興藏》第 37 冊，第 794 頁。

0302. 閒行

〔清〕山暉完璧

茶香竹室旁山煙，曳杖西峰看白蓮。

莫歎五溪無淨社，經聲也自落林泉。

——祖玄、宗上編錄：《山暉禪師語錄》第 9 卷，《嘉興藏》第 29 冊，第 70 頁。

0303. 和中峰國師樂隱詞〔註 38〕

〔清〕鶴山

六

一雨均加，萬卉萌芽。

適時候滿眼煙花。

披雲作幔，剪棘為家。

方可以坐，可以臥，可以茶。

九

登此南樓，新月如鉤，

遍遊覽躡屐尋幽。

碧陰穿寶，玉露承甌。

瞻岸白蘋，汀紅蓼，楚江秋。

〔註 38〕《和中峰國師樂隱詞》雖名曰「詞」，實乃自由體古詩。原共十六首，此僅錄與茶有關者三首。

十

緊縛重笆，園有奇花。

醒午夢蝴蝶翩斜。

香光襲翠，藻影芬華。

稱閒焚香，閒敲韻，閒品茶。

　　——鶴山：《鶴山禪師執帚集》，《嘉興藏》第 40 冊，第 566 頁。

0304. 除夕次拈華和尚韻

〔清〕鶴山 [註39]

剩有今宵在，不須更問吾。

曾烹雙鬢雪，又嚼萬峰茶。

地穴何容缺，盤蔬或可無。

雲堂飯罷後，疏影上跏趺。

　　——鶴山：《鶴山禪師執帚集》，《嘉興藏》第 40 冊，第 853 頁。

0305. 分衛郡城夜坐聽雨

〔清〕鶴山

客館難成寐，披衣聽雨聲。

暗泉流夜壑，殘燭響茶鐺。

還憶當年事，偏傷此日情。

曉來晴便好，一缽向街行。

　　——鶴山：《鶴山禪師執帚集》，《嘉興藏》第 40 冊，第 853 頁。

0306. 溽暑南音先生入山賦謝

〔清〕鶴山

高岩消暑隔炎暉，洗缽烹茶塵事稀。

晝靜珠宮香氣遠，雲深石磴梵聲微。

當年摩詰貽松屑，此日淵明解葛衣。

[註39] 清代鄧尉山聖恩寺僧人釋濟志撰有《聖恩中興第二代先師璧和尚影堂記》一文，此文與《鶴山禪師執帚集》所收之《先師璧和尚影堂記》相同，故知鶴山禪師即濟志。

坐愛涼風生几席，東山遊屐謾雲歸。

——鶴山：《鶴山禪師執帚集》，《嘉興藏》第 40 冊，第 856 頁。

0307. 壽雪香介本和尚

〔清〕鶴山

兩峰相對效嚶鳴，香雪林中歲載更。

莖草插成新院宇，巉崖高臥舊茶鐺。

手披河洛神偏旺，眼蓋乾坤夢自清。

松火一龕何日共？不須寶掌問平生。

——鶴山：《鶴山禪師執帚集》，《嘉興藏》第 40 冊，第 856 頁。

0308. 謝蓉湖集公法姪惠茶

〔清〕鶴山

模糊煙雨惜芳辰，慘綠愁紅總困人。

世外身心憐易老，天涯消息遠難真。

荒蕪草木終因懶，弊垢衣冠未是貧。

最喜空山無一事，謾將茶譜日相親。

——鶴山：《鶴山禪師執帚集》，《嘉興藏》第 40 冊，第 856 頁。

0309. 歲暮即事〔註 40〕

〔清〕鶴山

便爾言歸未可憐，故山雲物總依然。

飛飛乳燕依茅屋，點點眠鷗狎水田。

舊友相還談夜月，新詩賦就醉茶煙。

忽來鳥語聽泥滑，謖謖松風到枕邊。

——鶴山：《鶴山禪師執帚集》，《嘉興藏》第 40 冊，第 857 頁。

0310. 詠庭松壽月公

〔清〕鶴山

孤松矯矯倚山堂，霜雪深埋歲月長。

〔註 40〕《歲暮即事》共四首，此為其四。

晴日濤聲來蘚坐，春風雲影拂匡床。

試看麈尾琳球樣，謾指龍鱗琥珀香。

祖苑已成梁棟用，歲寒從此鬱蒼蒼。

——鶴山：《鶴山禪師執帚集》，《嘉興藏》第 40 冊，第 858 頁。

0311. 雪窗寄懷石湖馮竹溪先生

〔清〕鶴山

春山一望接平蕪，綠漲盈門憶石湖。

茶熟香清花氣澹，雪深人遠月痕孤。

誰尋古道嗟離索，尚賴耆英作楷模。

何日重攜剡曲棹，嚶鳴谷口聽相呼。

——鶴山：《鶴山禪師執帚集》，《嘉興藏》第 40 冊，第 858 頁。

0312. 夏日過舊廬謝同社齋

〔清〕鶴山

偶歸鄉國息村莊，熟處人情盡已荒。

細摘草蔬添缽滿，遠尋泉水煮茶香。

湖流野渚青蒲亂，雨潤沙田白豆長。

曾讀輞川飯覆釜，至今松屑憶山房。

——鶴山：《鶴山禪師執帚集》，《嘉興藏》第 40 冊，第 858 頁。

0313. 山居

〔清〕性音〔註41〕

一

一杯晴雪早茶香，午睡初醒春畫長。

捬著通身俱是眼，半窗疏影轉斜陽。（雪岩欽）

二

茶罷焚香獨坐時，金蓮水滴漏聲遲。

夜深欲睡問童子，月上梅花第幾枝。（天真則）

〔註41〕此處《山居》六首為清代性音拾編歷代名僧詩而成。

三

簾卷春風啼曉鴉，閒情無過是吾家。

青山個個伸頭看，看我庵中吃苦茶。（雪嶠信）

四

過橋數里道人家，亂放疏籬白豆花。

扶杖科頭望雲到，燒香促膝吃杯茶。（雪嶠信）

五

野雲香帶焙茶煙，布穀聲頻穀雨前。

會得一花同淨妙，不妨消遣住山緣。（竺庵威）

六

月色一天茗碗白，梅花十樹草堂清。

此時想個同消受，頻看床前折腳鐺。（呆翁悅）

——性音重編：《禪宗雜毒海》第 8 卷，《卍續藏》第 65 冊，第 96～
97 頁。

0314. 茶次口占奉和嵩山老人原韻

〔清〕宗堅

嵩山春色幽仍遠，詩畫一篇向此展。

座中盡是江南人，撫臆銜栖開笑臉。

——宗堅：《兜率不磷堅禪師語錄》卷下，《嘉興藏》第 33 冊，第 481 頁。

0315. 賦得把盞問月

〔清〕宗堅

滿座秋風引客思，湘簾影動菊華枝。

不知仙子來何處，靜對茶爐寫舊詩。

——宗堅：《兜率不磷堅禪師語錄》卷下，《嘉興藏》第 33 冊，第 481 頁。

0316. 喬松棲鶴

〔清〕宗堅

虬姿十丈倚岩邊，傲盡煙霞不計年。

每對南樓烹茗後，遙瞻薄莫鶴翩躚。

——宗堅：《兜率不磷堅禪師語錄》卷下，《嘉興藏》第 33 冊，第 481 頁。

0317. 示非一

〔清〕宗堅

非公不看修茶經，信手擎來可醉人。

若是方來親識得，回頭始信劫前春。

——宗堅：《兜率不磷堅禪師語錄》卷下，《嘉興藏》第 33 冊，第 482 頁。

0318. 山居

〔清〕宗堅

深山別是一家風，前種山茶後種松。

飯罷攜鉏來嶺上，晴霞散去露諸峰。

茆屋三間架碧峰，秋高水月心降龍。

禪餘趺坐岩松下，閒看青猿每過從。

——宗堅：《兜率不磷堅禪師語錄》卷下，《嘉興藏》第 33 冊，第 482 頁。

0319. 秋夜偕友坐岑樓

〔近代〕虛雲

此際秋色好，得句在高樓。

啟戶窺新月，烹茶洗舊愁。

盤桓無俗客，酬唱有良儔。

薄襖憐寒意，傳燈論未周。

——淨慧編：《虛雲和尚全集》第 3 冊，中州古籍出版社，2009 年，
第 7 頁。

0320. 題寸香齋

〔近代〕虛雲

寸香陪客坐，聊將水當茶。

莫嫌言語寡，應識事無涯。

岩樹井藤命，駒光過隙嗟。

佛言放下著，豈獨手中花。

——淨慧編：《虛雲和尚全集》第 3 冊，中州古籍出版社，2009 年，
第 11 頁。

0321. 山居

〔近代〕虛雲

一

山居意何遠，放曠了無涯。
松根聊作枕，睡起自烹茶。
山居道者家，淡薄度歲華。
灶底燒青菜，鐺內煮黃牙。
山居無客到，竹徑鎖煙霞；
門前清淺水，風飄幾片花。
山居饒野興，柱杖任橫斜。
閒情消未盡，過嶺採藤花。
山居春獨早，甚處見梅花。
暗香侵鼻觀，窗外一枝斜。

——淨慧編：《虛雲和尚全集》第 3 冊，中州古籍出版社，2009 年，
第 18～19 頁。

二

山居活計總天然，不落時人窠臼邊。
卻向同心通一線，從苗辨地見根源。
亂雲堆裏坐癡呆，世念銷鎔養聖胎。
地老天荒都不管，松花食盡又重開。
見山忘道山猶擾，見道忘山山更幽。
雲散水流天地靜，一聲長嘯白雲頭。
林間遁跡世相違，澗曲山深到者稀。
飯罷茶餘無個事，白雲為我掩柴扉。
怪石岩巉路轉賒，盈眸景色笑參差。
斜栽絕壁千年樹，倒掛懸岩四季花。

湛湛靈池徹底清，亂山湧出月初明。

幾人今古曾吞月，飲者須知滿不盈。

雲流石竅影離離，丁斧何時鑿出奇。

凜凜寒風吹劫火，就中消息許誰知。

——淨慧編：《虛雲和尚全集》第 3 冊，中州古籍出版社，2009 年，

第 26～27 頁。

0322. **閱古宿語錄口占**

〔近代〕虛雲

禮罷黃龍已破家，又來重飲趙州茶。

無明當下成灰燼，鷲嶺重拈一度花。

——淨慧編：《虛雲和尚全集》第 3 冊，中州古籍出版社，2009 年，

第 34 頁。

0323. **採茶**

〔近代〕虛雲

山中忙碌有生涯，採罷山椒又採茶。

此外別無玄妙事，春風一夜長靈芽。

——淨慧編：《虛雲和尚全集》第 3 冊，中州古籍出版社，2009 年，

第 34 頁。

0324. **慧焰禪人索茶**

〔近代〕虛雲

春光富足野人家，不問優曇問苦茶。

劫後幽芳須著眼，四時無謝亦無遮。

無影林中一樹花，非紅非白遍天涯。

可憐門外旁觀者，信手拈來當作家。

——淨慧編：《虛雲和尚全集》第 3 冊，中州古籍出版社，2009 年，

第 34 頁。

0325. 棲茅九華

〔近代〕虛雲

問道幽棲事幾般，山中風趣有多端。

螢流竹罅金千樹，月洗松溪玉一灣。

帶雪茶花供古佛，含香梅子薦新盤。

有時獨上天台頂，坐看江南送翠欄。

——淨慧編：《虛雲和尚全集》第 3 冊，中州古籍出版社，2009 年，第 37 頁。

0326. 贈五臺山顯通寺智慧師

〔近代〕虛雲

禪分祖席又開山，別有生機展笑顏。

死句不拈拈活句，先賢企仰後賢攀。

修心修道無如悟，談妙談玄總是閒。

從此何勞山下問，烹茶挑水聽潺潺。

——淨慧編：《虛雲和尚全集》第 3 冊，中州古籍出版社，2009 年，第 39 頁。

0327. 大覺寺小憩

〔近代〕虛雲

薰風拂拂過山家，為入松陰路轉斜。

臨水不聞魚戲藻，到門猶見鳥銜花。

定心有覺推支遁，法眼無偏羨永嘉。

小坐竹亭塵頓息。何勞飲我趙州茶。

——淨慧編：《虛雲和尚全集》第 3 冊，中州古籍出版社，2009 年，第 46 頁。

0328. 廈門虎溪與會泉上人夜話

〔近代〕虛雲

溪連海氣逼虛空，一道懸崖小路通。

山色重重圖畫裏，人家隱隱霧煙中。

鷺江水靜月鋪白，雪嶺楓高霜染紅。

更感會公多雅意，烹茶相對話無窮。

　　——淨慧編：《虛雲和尚全集》第 3 冊，中州古籍出版社，2009 年，
　　第 48 頁。

0329. 和方乃斌居士韻

〔近代〕虛雲

忽見南山瑞靄浮，鬱蔥佳氣迥難儔。

材工鳩應經連月，香火銷沉歷幾秋。

禪悟誰能承鑒祖，溪名人尚說曹候。

檀那功德真無量，聊獻新茶學趙州。

附原韻：

嶺南勝景稱羅浮，福地曹溪堪與儔。

六祖靈身垂不朽，憨師偉績足千秋。

名山有幸來虛老，華寺重興仗李侯。

但願甘泉曾飲者，明心見性續新州。

　　——淨慧編：《虛雲和尚全集》第 3 冊，中州古籍出版社，2009 年，
　　第 67 頁。

0330. 贈林鴻超居士七律並敘

〔近代〕虛雲

　　居士與余在福建鼓山晤別已十七年，以相憶深。由閩經港來韶，步行抵
雲門，年屆古稀，無饑倦之容，暢敘舊懷，不覺夜永。居士宿植德本，向道殷
切，惜余無偓祖之餅茶。以接來機，深以為愧。翌日居士以先有預約，必須赴
穗，臨行，彼此依依，仍如東林送客。且行且談，不覺又伴至曹溪，瞻禮六
祖，返馬壩登車南行。居士堅囑書贈，特級七律一首。並送《壇經》一部，亦
若永嘉之一宿而去也，時乙亥冬月初二日書於南華丈室。

不辭跋涉乳雲蹊，為道渾忘困與饑。

笑我已忘煙水夢，與君夜話餅茶稀。

曉風相送曹溪路，午飯才過馬壩車。

一宿覺參心願遂，壇經珍重贈君歸。

——淨慧編：《虛雲和尚全集》第 3 冊，中州古籍出版社，2009 年，第 73 頁。